LE BIGAME,

DRAME EN TROIS ACTES,

PAR M. T. SAUVAGE,

Représenté pour la première fois, à Paris, sur théâtre de la Porte-Saint-Martin, le 7 mai 1830,
Et repris le 24 novembre 1839.

DISTRIBUTION :

LE BARON BERTAUT, colonel. M. MARIUS.
STÉPHANIE, sa femme..... Mme CHARLES CABOT.
LOUISE, leur fille, (six ans). Mlle FONBONNE.
TOINETTE GÉRARD........ Mme LOUISE KERSEN.
GÉRARD, son frère.......... M. JEMMA.
LE Cte DE KAISERSBRUCK. M. ÉMILE DUPUIS.
CAROLINE.................. Mme ÉDELINE.
JACQUIN, apprenti chez Gérard.
Amis et parens de Gérard.

Mme RIBOULARD............ Mlle GEORGES, cadette.
DUBLAR, commis de Gérard. M. BRAZIER.
NIVET, idem................. M. GASTON.
TAUPIN, oncle de Gérard.... M. MOESSARD.
THIERRY, valet de l'hôtel.. M. VISSOT.
VANNARD, ami de Gérard... M. GRIFFAUT.
OFFICIERS français et étrangers.
DIPLOMATES.
DAMES et DEMOISELLES. VALETS.

A Paris en 1820.

ACTE I.

Une élégante boutique de bijoutier, sous les galeries du Palais-Royal. — Au fond, la devanture, l'étalage et les montres, où brillent le vermeil et l'argenterie ; une porte sur laquelle on lit : GÉRARD, JOAILLIER-BIJOUTIER. Au-delà, la galerie, les arcades et le jardin. — A droite, un comptoir en acajou, avec bronzes dorés ; il supporte des montres vitrées, remplies de bijoux. — De chaque côté, au premier plan, une porte en glace ; celle de droite conduit à l'appartement, celle de gauche à l'atelier. — Une petite table d'acajou, où se trouvent quelques menus outils, plumes, encre, papiers. — Plus loin, dans un coin, sur un guéridon, une balance. Chaises élégantes, tapis ; lampe antique au plafond.

SCÈNE I.

JACQUIN, NIVET, DUBLAR.

(Dublar, debout près du comptoir, chante une chanson connue, en arrangeant une chaîne. — Jacquin, assis à la table, pique une carte avec une épingle. — Nivet est à la porte du fond, qu'il tient ouverte.)

NIVET, de la porte.

Dublar, tais-toi, tais-toi donc ; voilà la petite modiste d'à côté qui me fait des signes.

DUBLAR.

Des signes ? eh bien ! ça ne t'empêche pas de l'entendre, alors.

NIVET.

Non, mais ça me distrait.

DUBLAR.

Et moi aussi, ça me distrait ; c'est pour ça que je continue.

NIVET, fermant la porte, et s'avançant en scène.

La voilà rentrée... C'est une jolie partie, la bijouterie, ça donne dans l'œil aux femmes, et c'est avantageux à l'ouvrier. D'abord, parce que c'est un état propre et brillant ; et puis ça met à même de rendre des services : on soude un esclavage, on polit un sentiment, on redresse un cœur faussé ; enfin on remet à neuf une foule de petits bijoux plus ou moins endommagés.

DUBLAR.

Et, pour ça, le quartier est favorable : le Palais-Royal !

NIVET.

C'est un pays où l'on trouve de tout : des restaurans, des cafés, des sauvages, des marchandes de modes, des arracheurs de dents, des journaux, des maisons de jeu...

DUBLAR.

C'est ton affaire, ça, à toi, Jacquin !

NIVET, à Jacquin.

Dis donc, nous sommes bien mieux ici que dans notre ancien atelier de la rue Bourg-l'Abbé, n'est-ce pas ? c'est plus gai... Il y a aussi plus de casuel.

DUBLAR.

Je crois que, si vous continuez, vous ne jouirez pas long-temps de ces avantages-là.

NIVET.

Pourquoi donc ?

DUBLAR.

Ah! parce que M. Gérard, notre bourgeois, est un homme qui ne badine pas sur le devoir ; et, s'il sait jamais que vous donnez dans les cartes et dans les modistes, ça sera bientôt fini.

NIVET.

Ah! ben, il est trop moral aussi, ton M. Gérard !

15

DUBLAR.

Moi, ce que je vous en dit, c'est que je le connais : voilà cinq ans que je suis avec lui ; oui,
j'avais quinze ans quand il a acheté ce fonds, en
1815, et je vais avoir vingt ans !.. (Soupirant.) car
c'est cette année que je tire au sort... Mais le
voilà qui revient.

(Ils se remettent à l'ouvrage. — Dublar, debout près
du comptoir ; Nivet et Jacquin assis à la table.)

SCÈNE II.

JACQUIN, NIVET, GÉRARD, DUBLAR.

GÉRARD, posant son chapeau.

Où donc est Toinette ?

DUBLAR.

Madame votre sœur vient de monter à l'en-
tresol.

GÉRARD.

Pour faire sa toilette, sans doute ?.. elle est
de fête aujourd'hui... Marraine du petit-fils de
notre voisine, madame Riboulard, qui tient l'hôtel des Alpes, rue de Richelieu... Est-il venu
quelqu'un ?

DUBLAR.

Oui, monsieur ; mais Madame était au comptoir.   GÉRARD.

Et elle a vendu ?

DUBLAR.

Oui, Monsieur.

GÉRARD.

C'est bien la plus habile marchande !

DUBLAR.

Elle est si aimable !

GÉRARD.

Oui, oui, je dois en convenir : j'ai travaillé
beaucoup, je me suis donné bien de la peine
pour arriver à cette heureuse aisance ; mais sans
son ordre, son économie, sa mine prévenante,
sans elle enfin, je n'y serais jamais parvenu... On
dit qu'une jolie femme fait bien dans, un comptoir, moi je soutiens qu'une bonne femme y fait
encore mieux... mais c'est plus rare. A-t-on
donné à crédit ?

DUBLAR.

Une pauvre cuisinière, de la rue de Valois, est
venue prendre un couvert, pour en remplacer un
qu'elle a égaré... elle n'avait que vingt francs...

GÉRARD.

C'est bien... tout le temps qu'elle voudra... et
ne comptez que le poids. Pauvre fille ! sa place,
son existence dépendent de cette petite complaisance.

DUBLAR.

Mademoiselle Lili, de l'Opéra, trouve fort à
son gré cette nouvelle parure de perles...

GÉRARD.

J'étais sûr qu'elle plairait ; le dessin est du goût
de ma sœur.

DUBLAR.

Mais Mademoiselle Lili n'a pas d'argent.

GÉRARD.

Qu'elle attende... sa vanité seule en souffrira,
c'est un petit malheur !.. Ah ! ça, voilà pour la
maison... A ton tour, maintenant, Dublar : depuis
quelque temps je te trouve triste, chagrin...
qu'as-tu donc ?

DUBLAR.

Je dois tirer au sort le mois prochain... et, si je
tombe, si je suis obligé de partir, qui prendra
soin de ma mère ?

GÉRARD.

Tu ne partiras pas.

DUBLAR.

Si j'en étais sûr !..

GÉRARD, bas.

Tiens, tu as mis à la bourse, et, quoiqu'il arrive, tu es dégagé... voici la quittance.

DUBLAR.

Ah ! monsieur, vous avez payé ?..

GÉRARD.

C'est une avance ; tu me rembourseras... (Bas.)
quand tu pourras.

DUBLAR.

Comment reconnaître ?..

GÉRARD.

En m'aimant et en te conduisant bien.

DUBLAR.

Quelle générosité !

GÉRARD.

Du tout ; j'ai un bon sujet chez moi, je le
garde, c'est tout simple... Allons, retourne à
l'atelier... Mais c'est, je crois, l'heure du cours
de dessin ?..

DUBLAR.

Oui, Monsieur ; mais ce n'est pas le jour.

GÉRARD.

C'est juste... c'est le cours d'anglais de M. Ro-
bertson, aujourd'hui... Tu ne le manqueras
pas ?

DUBLAR.

Oh ! non, Monsieur.

GÉRARD.

Nivet, Jacquin, n'avez-vous pas envie de faire
comme lui, de vous instruire ?.. Si vous n'avez
pas d'argent, j'arrangerai cela.

NIVET.

Oh ! merci, Monsieur ; c'est pas la peine.

GÉRARD.

Ah ! pourquoi donc ?

NIVET.

A quoi que ça nous servirait-y, pour être des
ouvriers ?

GÉRARD, avec chaleur.

Des ouvriers !.. Des ouvriers ne sont-ils pas
des hommes, des citoyens ? N'ont-ils pas des
droits à exercer et des devoirs à remplir ?.. Moi
aussi, j'ai été ouvrier... eh bien ! à force de tra-
vail, je suis devenu maître ; j'ai amassé quelque
argent, j'ai pris cette boutique : un loyer de
quatre mille francs ! de là une patente, des impo-
sitions qui m'appellent à être électeur, juré,
juge au tribunal de commerce... Que mes affaires
prospèrent, je deviens éligible, et même... ce
n'est pas que je le désire, je connais ma capacité,
et je n'ai pas d'ambition ; mais que d'intérêts
compromis, si je n'apporte dans ces honorables
fonctions que l'ignorance et l'abrutissement où
vous voulez rester ?

NIVET.

Vous avez eu du bonheur, vous, M. Gérard.

GÉRARD.

J'ai eu du courage !.. Mais je vous sermonne,
et vous ne me comprenez pas. Ah ! si vous saviez
quelle jouissance il y a, pour l'honnête homme,

à reporter ses regards en arrière, à compter tous ses jours écoulés sans avoir à rougir d'un seul! à contempler le point d'où il est parti et celui où il est arrivé!.. ça délasse de la fatigue du chemin... voilà pourquoi les vieillards sont bavards, je le serai aussi, je le suis déjà. (On entend le canon du jardin.) Là! voilà le canon du jardin, et Toinette n'est pas encore prête.

NIVET, rentrant dans l'atelier.

Ne vous y fiez pas, Monsieur, il avance quelquefois d'une demi-heure.

GÉRARD.

Imbécille! (Il appelle.) Toinette!.. Ah! ces femmes! ces femmes! quand elles sont à leur toilette... la plus jolie, la moins coquette, comme les autres... c'est une maladie générale... (Il appelle.) Toinette!

SCÈNE III.
GÉRARD, TOINETTE.

TOINETTE.

Me voici.

GÉRARD.

Allons donc!

TOINETTE.

Madame Riboulard est-elle arrivée?

GÉRARD.

Non, pas encore, mais elle ne doit pas tarder. (La regardant avec complaisance.) Bien, très bien, mise de bon goût! avec le bouquet que, sans doute, M. Vannard, le galant parrain, fait faire chez madame Prévost... Tu auras tout-à-fait l'air d'une jeune mariée.

TOINETTE, soupire.

Ah!

GÉRARD.

Tu soupires!.. Je te comprends, pauvre sœur.

TOINETTE.

Depuis la visite que j'ai faite hier à la jeune accouchée, le souvenir de mon mari, de ma fille, est encore plus présent à mon cœur; je n'ai pu voir, sans un retour pénible sur moi-même, sans une sorte d'envie, cette jeune mère, pressant dans ses bras son enfant, tandis que son époux les couvrait tous deux de regards pleins d'amour... Moi aussi, j'étais épouse et mère!..

GÉRARD.

Oui, tu devrais être heureuse, si jamais la bonté, la douceur ont mérité de l'être... mais il n'en est pas toujours ainsi... la faute à qui? je l'ignore... Eh! mon Dieu, la faute à nous, qui gâtons toujours par nos passions le sort que la Providence nous a destiné.

TOINETTE.

Mon frère...

GÉRARD.

Ce n'est pas pour te faire des reproches, tu le sais bien; mais conviens qu'il n'en serait pas ainsi, si tu ne t'étais pas prise de bel amour pour Bertaut; un brave homme sans doute, mais un militaire, exposé à se faire tuer... ce qui lui est arrivé... comme à tant d'autres, dans ce temps-là!

TOINETTE.

Jamais nous n'en avons eu la preuve.

GÉRARD.

Non, mais rien ne nous prouve le contraire; et, depuis neuf ans que vous êtes séparés, il n'aurait pas manqué de donner de ses nouvelles, s'il existait encore... Va, ma sœur, ne te flatte pas d'un espoir trompeur; mais ne te livre pas non plus à un chagrin qui ne remédie à rien... Ne pouvant faire le bonheur d'un mari, tu fais celui de ton frère; c'est un dédommagement pour ton bon cœur.

TOINETTE.

Tu es si bienveillant pour moi!.. Ma reconnaissance...

GÉRARD.

Fi donc!.. entre nous!.. de l'amitié, voilà tout ce dont je veux entendre parler... Ah! ça! mais, madame Riboulard, madame Riboulard, vous vous faites bien attendre.

TOINETTE.

La voici!

SCÈNE IV.
GÉRARD, Mᵐᵉ RIBOULARD, TOINETTE.

TOINETTE.

Arrivez donc, paresseuse, arrivez donc!

GÉRARD.

Il y a beau temps que Toinette est prête.

Mᵐᵉ RIBOULARD, d'un air contraint.

Ah! vraiment!

GÉRARD, gaîment.

Quand je serai malade, je vous enverrai chercher le médecin : j'aurai le temps de guérir... Ah! ah! ah!

Mᵐᵉ RIBOULARD, embarrassée.

Pardon, monsieur Gérard; pardon, ma chère amie... Excusez...

TOINETTE.

Certainement on vous excuse... Un jour comme celui-là, on a tant à faire!

GÉRARD.

Ah ça! vous êtes seule? je ne vois pas le parrain.

Mᵐᵉ RIBOULARD.

Non, monsieur Gérard.

GÉRARD.

Est-ce sa toilette, qui le retient aussi?

TOINETTE.

Il n'est pas arrivé d'accident?

Mᵐᵉ RIBOULARD.

Non, dieu merci! La mère et l'enfant se portent bien.

GÉRARD.

C'était pour onze heures, et voilà midi et demi! ça devrait déjà être fait, ce baptème.

Mᵐᵉ RIBOULARD.

Aussi... c'est-il fini.

TOINETTE.

Comment?

GÉRARD.

Sans ma sœur?

Mᵐᵉ RIBOULARD.

Ce n'est pas ma faute, je vous assure.

GÉRARD.

Madame Riboulard, qu'est-ce que cela veut dire?

Mᵐᵉ RIBOULARD.

Le monde est si singulier aujourd'hui... je savais bien tout cela, mais je n'y faisais pas attention... après tout, ce ne sont pas mes affaires... Nous avons ensemble des relations d'amitié et d'intérêt : vous m'envoyez des locataires à mon hôtel garni, je vous fais avoir quelques pratiques; nous y trouvons notre compte, c'est très bien ; je n'ai pas besoin de savoir ce que vous avez fait ou pas fait... Mais un homme en place, voyez-vous, ce n'est plus la même chose ! il est obligé à des ménagemens.

TOINETTE, offensée.

De grâce, madame, expliquez-vous.

GÉRARD.

C'est donc M. Vannard qui refuse de tenir votre petit-fils avec ma sœur ?

Mᵐᵉ RIBOULARD.

Eh ! sans doute, c'est lui !.. il a entendu parler d'une aventure... à Montpellier.

TOINETTE.

Ainsi, madame, vous, qui nous connaissez, qui voyez notre conduite, vous avez pu ajouter foi à une calomnie aussi affreuse ?

Mᵐᵉ RIBOULARD.

Dam ! j'avais entendu dire cela, et moi, quand j'ai des soupçons, je mets tout au pis, et ça me tranquillise.

(Gérard, pendant cette scène, va et vient avec impatience dans la boutique, s'occupant de différens détails de son état.)

GÉRARD, près du comptoir.

Et ce M. Vannard, à qui j'ai fait avoir sa place !

Mᵐᵉ RIBOULARD.

Ecoutez donc, dès qu'on a une place, on est plus empressé de plaire à celui qui peut la faire perdre qu'à celui qui l'a procurée ; et il a choisi pour commère la femme de son chef... Il avait déjà quêté dimanche dernier avec elle... Ca lui coûtera plus cher, mais ça peut valoir de l'avancement.

TOINETTE.

Nous voilà poursuivis jusqu'ici par ces infâmes propos, qui nous ont fait quitter Montpellier !

Mᵐᵉ RIBOULARD, auprès de Toinette.

Il y a donc quelque chose de vrai dans tout cela? il fallait me mettre tout de suite dans la confidence !.. Montrer aux gens qu'on a des secrets, sans les en instruire, c'est les autoriser à tout faire pour les pénétrer... Après ça, s'ils jasent, on les traite d'indiscrets ! quand on pouvait les empêcher d'un mot, en disant : Tenez, madame Riboulard, voilà ce que c'est... Acceptez une bague, un brillant, la moindre chose... Je compte sur votre discrétion.

TOINETTE, avec fierté.

Nous n'avons besoin de la discrétion de personne, madame.

Mᵐᵉ RIBOULARD.

Ah ! c'est différent !

GÉRARD, entre sa sœur et Mᵐᵉ Riboulard.

Et, ce que nous allons vous confier, vous pourrez le répéter tout autant que vous voudrez.

Mᵐᵉ RIBOULARD.

A la bonne heure ! (A part.) C'est une histoire arrangée !

GÉRARD.

En 1810, ma sœur, ainsi qu'on vous l'a dit, habitait Montpellier avec notre famille. Le passage continuel des troupes, qui se rendaient en Espagne, amena chez nous un sergent-major de grenadiers; il faisait partie du dépôt d'un régiment qui se reformait, et dut faire un séjour assez prolongé dans notre ville. Il vit ma sœur et l'aima. Sa loyauté, sa franchise, touchèrent également Toinette. Dans tout autre temps, nos parens auraient volontiers consenti à leur union ; mais, d'abord, Toinette était si jeune : elle avait à peine seize ans ! et le moyen de la marier avec un militaire, au moment d'une campagne si terrible !.. Ils refusèrent. Les deux amans se résignaient, sans murmurer, à attendre un temps plus heureux, lorsqu'un nouveau prétendant se présenta. Il fut favorablement accueilli de la famille... Toinette, au contraire, ne le vit qu'avec aversion. Cependant on la pressait de donner son consentement... Obsédée par ses parens, tourmentée par l'idée d'être pour jamais séparée de son amant, dont le régiment rejoignait l'armée, elle prit un parti bien imprudent... mais ses larmes l'ont assez expié pour qu'on le lui pardonne... elle quitta sa famille et suivit Bertaut.

(Toinette cache sa figure dans les bras de Gérard ; son frère la console, puis va s'asseoir près de la table.)

Mᵐᵉ RIBOULARD, à part.

Bertaut ! Tiens, j'ai, chez moi, quelqu'un de ce nom ; mais ce n'est pas cela : c'est un colonel, un baron... et puis, ce n'est pas cela (Haut.) Enfin, ma chère amie, il résulte de votre récit que tout ce que l'on disait est vrai ?

TOINETTE.

Non, madame, pas tout. J'avais commis une faute grave, elle fut réparée. Aussitôt notre arrivée au quartier-général, près de Sarragosse, nous nous empressâmes de demander, à mes parens, un consentement qu'ils ne pouvaient plus me refuser, et je fus mariée !..

Mᵐᵉ RIBOULARD.

Mariée !

GÉRARD.

Oui, madame, suivant les lois et l'église, par le quartier-maître et l'aumônier du régiment.

Mᵐᵉ RIBOULARD.

Eh bien, ma chère amie, que peut-on vous reprocher ?

TOINETTE.

Rien, je pense.

Mᵐᵉ RIBOULARD.

Vous avez certainement des preuves?..

TOINETTE.

Oui, madame ; mais seule je les possède...

Mᵐᵉ RIBOULARD.

Comment ?

TOINETTE.

Ce fut peu de temps après notre union que le régiment de mon mari, surpris dans les défilés de la Sierra-Morena, perdit ses caissons, ses bagages, tout son matériel en un mot ; tous les livres, tous les actes disparurent, et les preuves de mon mariage furent anéanties. Il n'en est resté que l'extrait, que je possède, et puis montrer à tout le monde.

Mᵐᵉ RIBOULARD, à part.

Ah ! ah ! ça commence à se gâter.

TOINETTE.

J'étais alors à Barcelonne. Je revins à Montpellier, où je donnai le jour à une fille. Bertaut changea de régiment, passa en Portugal, et je ne le revis plus. C'est alors que la calomnie

ommença à me poursuivre : l'homme que j'avais refusé fut le plus ardent à propager des bruits
déshonorans...

GÉRARD.

Que n'eût pas fait ce misérable pour se venger?

TOINETTE.

Je voulus montrer mes actes, on en nia l'authenticité. J'opposai aux mauvais propos une
conduite irréprochable, rien ne me fut compté...
Alors ma fille mourut. Mon père et ma mère
n'étaient plus... Gérard me proposa de le suivre
à Paris. J'acceptai, et j'ai trouvé près de lui,
sinon l'oubli de mes peines, au moins le repos et
l'amitié. Voilà ma conduite, voilà ma vie, madame; jugez-la, et dites-moi si j'ai mérité les reproches du monde et le mépris des honnêtes
gens?

Mme RIBOULARD.

Non, non, ma pauvre enfant; les apparences
peut-être vous sont contraires, mais, du moment
que vous vous dites mariée, on doit vous croire...
sur parole... Je suis désespérée de ce qui est arrivé, soyez bien sûre que je m'empresserai de le
réparer... Je vais raconter partout votre histoire;
elle est fort bien faite... je veux dire fort intéressante... Sans rancune, mes amis, je retourne
auprès de mon accouchée... Je vous enverrai
des dragées.

GÉRARD, de sa place.

Vous êtes bien bonne.

Mme RIBOULARD, à part.

J'en suis toujours pour ce que j'ai dit : c'est
une héroïne de roman, et mon petit-fils ne pouvait pas l'avoir pour marraine. (Haut.) Adieu,
adieu.   (Elle sort.)

SCÈNE V.

TOINETTE, GÉRARD.

TOINETTE, au comptoir.

Tu le vois, Gérard, elle ne nous croit pas non
plus.

GÉRARD, assis.

Qu'y faire? quand la vérité a tout l'air de la
fable, la défiance est naturelle; et puis, vois-tu,
comme dans ce monde on risque toujours moins
de se tromper en croyant le mal que le bien,
nous aurons de la peine à trouver des partisans.

TOINETTE.

Nous allons donc être encore exposés aux bavardages des méchans?

GÉRARD.

Empêche-les de parler, tu seras bien habile.

TOINETTE, allant près de lui et s'appuyant sur sa
chaise.

Au moins, mon frère, tu pourrais faire de
nouvelles démarches pour te procurer des renseignemens certains, soit sur Bertaut, soit sur
nos actes de mariage.

GÉRARD.

Oui, oui, j'en ferai... Mes affaires m'ont tellement occupé, que j'avais négligé cela... D'ailleurs, qui se serait douté que l'on irait ressusciter ces vieilles histoires. (Il se lève et gagne avec
elle le milieu de la scène.) Dans tous les cas, nous
n'avons rien à nous reprocher, nous devons

marcher la tête haute; la baisser, serait nous
avouer coupables. Tiens, voici du monde : une
dame élégante, un monsieur à prétentions; ça te
regarde, moi, je n'ai pas assez de patience.

SCÈNE VI.

GÉRARD, CAROLINE, KAISERSBRUCK.

KAISERSBRUCK.

Je voudrais... Madame voudrait voir une parure de bal.

CAROLINE.

Ce que vous avez de plus moderne.

GÉRARD.

Dans le genre gothique alors?

CAROLINE.

Précisément.
(Tandis que Toinette et Gérard cherchent dans les
montres, Caroline et Kaisersbruck descendent sur
l'avant-scène.)

KAISERSBRUCK.

Allons, ma chère amie, quittez ce petit air
boudeur.

CAROLINE.

Ce n'est pas après une conduite comme la vôtre que l'on peut revenir si promptement... J'ai
renoncé, pour vous, aux partis les plus désirables,
au sort le plus brillant...

KAISERSBRUCK.

Avec des gens de finances.

CAROLINE.

Non, monsieur le comte; j'ai vu à mes pieds
les plus grands seigneurs étrangers... Dans une
jolie femme, il y a toujours l'étoffe d'une grande
dame. Jeune, veuve, connue par l'élégance de
mes manières, la recherche de ma toilette, donnant partout le ton, un mariage honorable et
qualifié peut seul me convenir.

KAISERSBRUCK.

Eh bien! ne suis-je pas comte du Saint-Empire, conseiller de légation?

CAROLINE.

Sur votre parole, je vous ai cru propriétaire
de tous les biens qui appartiennent en effet à votre cousine Stéphanie... Vous m'avez trompée...

KAISERSBRUCK.

Ruse diplomatique, inspirée par l'amour.

TOINETTE, dans le comptoir, étalant des bijoux.

Si madame veut choisir...

KAISERSBRUCK, conduisant Caroline près du
comptoir.

C'est très joli, ceci!

TOINETTE.

Émail et or; c'est élégant et d'un prix peu
élevé.

CAROLINE, au Comte.

Ne pensez pas que je vous pardonne.

KAISERSBRUCK, à Toinette.

Mieux que cela, madame.

TOINETTE.

Voici des pierres fines.

KAISERSBRUCK, à Caroline.

Ce n'est pas mal, n'est-ce pas?

CAROLINE.

A la bonne heure! des diamans!.. ils sont
éblouissans!.. (A Kaisersbruck.) Je veux bien fer

mer les yeux sur ce qui s'est passé, mais c'est à une condition...

KAISERSBRUCK.

C'est cette parure qui convient à madame.

TOINETTE.

Je vais la disposer dans un écrin.

(Elle sort par la porte à droite.)

SCÈNE VII.
CAROLINE, KAISERSBRUCK, GÉRARD.

(Pendant le commencement de la scène, Caroline et Kaisersbruck sont sur le devant du théâtre : Gérard est au comptoir et range les bijoux, puis il écrit la facture.)

KAISERSBRUCK.

Vous voyez, ma chère Caroline, que je m'exécute de bonne grâce, et qu'en diplomate habile, je sais faire des concessions, pour obtenir une paix durable.

CAROLINE.

Mon cher conseiller de légation, pour parler dans votre style, je vous préviens que tout se borne à des préliminaires, et que rien ne sera ratifié, si vous n'obtenez pas de votre cousine, la baronne polonaise, l'abandon des titres et des prérogatives auxquels vous avez droit, comme chef de la famille.

KAISERSBRUCK.

Titres qu'elle ne peut exercer par elle-même, à moins de les faire passer sur la tête d'un mari ; et elle ne le fera pas, j'en réponds... je connais trop bien son caractère romanesque et son antipathie pour tout engagement.

CAROLINE.

Mon cher, avec les femmes, il ne faut répondre de rien.

(Elle s'éloigne et va regarder les bijoux dans les montres.)

GÉRARD, s'avançant.

Monsieur, voici la facture... 10,780 fr.

KAISERSBRUCK.

C'est bien.

GÉRARD, à part.

Il ne marchande pas !.. mauvais signe.

KAISERSBRUCK.

Voici ma carte : le comte de Kaisersbruck, conseiller de légation du Margrave de Lichtendorf... Nous demeurons à l'hôtel des Alpes, chez Mme Riboulard; c'est elle qui nous a adressés ici...

GÉRARD.

Monsieur, c'est que, pour des objets aussi considérables, nous n'aimons pas à faire crédit.

KAISERSBRUCK.

Qu'est-ce que c'est? N'auriez-vous pas confiance en moi, le conseiller intime d'un prince souverain, qui a fourni un contingent de cent-quinze hommes à la coalition?.. Allons donc! c'est une affaire qui vous en vaudra bien d'autres... Nous fesons une grande consommation de bagues et de tabatière dans la diplomatie. Vous m'entendez?..

GÉRARD.

Certainement, et je serais très flatté... (A part.) J'aimerais mieux tenir mon argent.

SCÈNE VIII.
GÉRARD, BERTAUT, KAISERSBRUCK, CAROLINE.

BERTAUT, à la porte du fond.

Monsieur, je vois sur la porte de ce magasin un nom que je connais...

GÉRARD, le regardant.

Ah ! mon Dieu !

BERTAUT, s'avançant.

La personne, qui le portait, exerçait l'état de bijoutier... eh mais ! vous-même...

GÉRARD.

C'est lui !

BERTAUT.

C'est bien toi ! c'est... Gérard !

GÉRARD.

Est-il possible ! Bertaut !

BERTAUT, se jetant dans ses bras.

Mon ami !

GÉRARD.

Mon frère !

CAROLINE.

Voilà une reconnaissance tout-à-fait pathétique !

GÉRARD.

Eh ! quoi, c'est bien vrai ! je te revois ! je t'embrasse !

BERTAUT.

Oui, c'est Bertaut qui t'aime toujours! toujours le même pour Gérard !

GÉRARD.

Et ta femme!..

BERTAUT.

Ma femme ! comment sais-tu ?..

GÉRARD.

Elle est ici, avec moi.

BERTAUT.

Ma femme ?

GÉRARD.

Quelle sera sa joie ! sa surprise !..

BERTAUT.

Que veux-tu dire ?

GÉRARD.

Pauvre Toinette !

BERTAUT.

Eh bien ?.. Toinette ?..

GÉRARD.

Nous parlions de toi il n'y a qu'un instant... nous en parlons tous les jours...

BERTAUT.

Avec Toinette ?

GÉRARD.

Elle t'aime plus que jamais.

BERTAUT.

O ciel ! il se pourrait !..

GÉRARD.

Plus que jamais elle est fraîche et jolie... D'où vient ce trouble ?

BERTAUT.

Gérard, si tu savais...

SCÈNE IX.
LES MÊMES, TOINETTE.

TOINETTE, entre par la droite, passe au comptoir, et présente un écrin à Caroline.

Madame, voici la parure placée dans l'écrin... Voyez, elle produit un effet charmant.

BERTAUT.

C'est elle !

TOINETTE, *poussant un cri.*

Ah ! j'ai cru entendre... c'était sa voix... (Elle sort précipitamment et l'aperçoit.) Mais oui, c'est lui ! c'est lui !

(Elle s'évanouit. — Les personnages sont ainsi placés : Bertaut, Toinette assise, Gérard, Caroline, Kaisersbruck).

GÉRARD.

Ma sœur !

BERTAUT.

Ma Toinette.   (Ils s'empressent autour d'elle.)

CAROLINE.

Pauvre petite femme ! retrouver ainsi un mari sans préparation ! c'est pour en mourir.

KAISERSBRUCK.

Je crois que ce que nous avons de mieux à faire, c'est de laisser ces bonnes gens à leur bonheur domestique... Monsieur, j'emporte l'écrin.

GÉRARD.

Emportez, emportez... J'ai là des sels.

(Il court à un tiroir, prend un flacon.)

KAISERSBRUCK.

Vous avez mon adresse ; passez dans quelques jours... vous serez satisfait.

GÉRARD, *revenant à Toinette.*

C'est bien, c'est bien... ma pauvre sœur !

KAISERSBRUCK, *sortant.*

Votre serviteur !.. c'est un brave homme ! il a un excellent cœur !

SCÈNE X.

BERTAUT, TOINETTE, GÉRARD.

BERTAUT.

Elle revient !

GÉRARD.

Il serait trop affreux de succomber à tant de bonheur.

BERTAUT, *à part.*

Non, pas pour moi.

TOINETTE, *reprenant ses sens.*

Je l'ai vu ! il était là !.. était-ce donc un songe?.. ah ! le voici... mon ami...

BERTAUT.

Ma chère Toinette.

TOINETTE.

Tu m'es donc rendu?

BERTAUT.

Oui, chère... Toinette.

GÉRARD.

Appelle-la donc ta femme.... comme autrefois.

BERTAUT.

Ma femme !

GÉRARD.

Tu ne t'attendais pas à la trouver ici ?

BERTAUT.

Non, oh ! non. Je la croyais perdue pour jamais.   GÉRARD.

Vraiment ! ce n'est pas étonnant, nous ne comptions plus guère sur toi.

BERTAUT.

Je l'ai crue.. O mon Dieu !.. est-il possible... je l'ai crue morte.

TOINETTE.

Morte !

BERTAUT.

Morte !

TOINETTE.

Que je te plains !.. combien tu as dû souffrir!.. j'en juge d'après moi, et cependant j'espérais.

BERTAUT.

Comment aurais-je espéré ?.. tiens, vois.

(Il tire un papier de son portefeuille, et le donne à Gérard.

GÉRARD.

Un extrait mortuaire de Toinette! Qui a pu t'adresser ce faux acte ?

BERTAUT.

Marcel !

GÉRARD.

Celui qui voulait épouser Toinette !

BERTAUT.

De l'armée de Portugal, je t'écrivis plusieurs lettres à Montpellier.

GÉRARD.

Je n'en reçus aucune. J'avais quitté le pays.

BERTAUT.

Je m'adressai alors à ce Marcel, la seule personne que je connusse dans le Languedoc ; il me répondit en m'envoyant cet acte.

GÉRARD.

Comment a-t-il pu contrefaire ainsi?.. Mais il n'est qu'altéré... c'est ta jeune sœur dont il est question ; il n'a fait que changer un nom et la date.. Le drôle a voulu te punir de la préférence que Toinette t'avait accordée.

BERTAUT.

Il s'est bien cruellement vengé !

GÉRARD.

Mais tu n'es donc pas rentré en France depuis?   BERTAUT.

Si fait : Du fond de l'Espagne, on m'a envoyé en Russie ; mais mon régiment prit la route de Bayonne ; on nous pressait ; je demandai un congé, qui me fut refusé. Que serais-je d'ailleurs venu chercher à Montpellier? dans ma pensée, ma pauvre Toinette n'existait plus. Le tourbillon de la guerre m'emporta. J'ai souffert bien des maux, mes amis ; depuis huit ans je n'ai pas vu la France.

TOINETTE.

Tu étais donc prisonnier?

BERTAUT.

Oui.

GÉRARD.

Je ne puis encore croire à ce que je vois... Tous deux, là, dans les bras l'un de l'autre, et moi qui vous regarde... Il est aussi tout troublé... Dame ! nous autres hommes, ça ne nous bouleverse pas comme les femmes, tout d'un coup, mais nous n'en sentons pas moins vivement... Et... tiens... voilà que je pleure, moi !.. (Il tire son mouchoir, s'essuie les yeux, et part d'un éclat de rire.) Ah ! ah ! ah !

BERTAUT.

Gérard ! mon frère, calme-toi.

TOINETTE.

Que dirait-on, si l'on te voyait?

GÉRARD.

Qui? les passans ? ils diront que je suis fou,

qu'est-ce que ça me fait? Eh bien, oui, je le suis;
je suis fou de joie, de bonheur... Ah ! ah ! ah !
Mme Riboulard, nous prendrons notre revanche.
(Il appelle.) Dublar! Dublar!

BERTAUT.

Que veux-tu donc?

GÉRARD.

Te faire connaître à tous nos amis.

BERTAUT.

Plus tard, il sera temps.

GÉRARD.

Non, tout de suite... Dublar!

SCÈNE XI.

LES MÊMES, DUBLAR.

DUBLAR, entrant par la gauche.

Monsieur !

GÉRARD.

Cours vite chez Mme Riboulard, prie-la de venir
à l'instant.

DUBLAR.

Oui, Monsieur.   (Il va sortir.)

GÉRARD, le retenant.

Et d'amener M. Vannard.

DUBLAR.

Oui, Monsieur.

(Il fait quelques pas en courant.)

GÉRARD.

Ecoute donc : tu passeras, en même temps,
chez mon oncle Taupin, chez M. Fichet; tu
les inviteras à se rendre ici avec leur famille.

DUBLAR.

Oui, Monsieur.

(Il sort en courant par le fond.)

SCÈNE XII.

TOINETTE, GÉRARD, BERTAUT.

TOINETTE.

Mais, Gérard...

GÉRARD.

Ma sœur, ma bonne Toinette! je vais donc te
voir respectée, honorée comme tu le mérites,
comme une brave et honnête femme. (A Bertaut.)
Ah ! c'est que tu n'as pas éprouvé les mêmes
chagrins que nous... Tu l'as crue morte, tu en
avais la certitude, tu l'as bien pleurée, bien re-
grettée... Oh ! oui , j'en suis certain , car tu
l'aimes sincèrement; mais c'était fini... Tandis
que nous, en proie à l'incertitude, livrés aux plus
odieuses imputations, exposés aux outrages, au
mépris...   BERTAUT.

Il se pourrait?..

GÉRARD.

Au fait, il y avait un peu de quoi. Cette fuite
de Toinette avec un militaire, ce mariage dont
on ne pouvait donner que des preuves incomplè-
tes, cet enfant...

BERTAUT.

Un enfant?..

TOINETTE.

Le ciel nous l'a repris, mon ami. Ah ! c'est à
présent que je sens cruellement sa perte !

GÉRARD.

Bah ! bah ! tout cela peut se réparer mainte-

nant... Le voilà avec nous, et pour long-temps
j'espère.

TOINETTE.

Oh! pour toujours.

GÉRARD.

Mais comment as-tu fait pour nous découvrir
dans cette grande ville?

BERTAUT.

Eh! mon Dieu! par hasard. De retour à Paris,
seulement depuis quelques jours, je passais ce
matin dans cette galerie, quand j'ai aperçu, sur
ce magasin de bijouterie, le nom de Gérard...
tu penses bien que je ne l'avais pas oublié.
Ce rapprochement de ton nom et de l'état que
tu exerçais me frappa, j'entrai et je tombai dans
tes bras.

GÉRARD.

Ah! la voici, la voici, cette bonne Mme Riboulard !

BERTAUT, à part.

La maîtresse de l'hôtel où je loge ! tout sera
découvert !

GÉRARD.

C'est une bavarde qui dit ce qu'elle sait et ce
qu'elle ne sait pas... Notre aventure sera bientôt
répandue.

SCÈNE XIII.

BERTAUT, GÉRARD, TOINETTE, Mme RIBOULARD, M. VANNARD, M. et Mme TAUPIN, M. et Mlle FICHET.

(Les personnages muets se tiennent au fond de la boutique. — Les
femmes vont examiner les bijoux.)

Mme RIBOULARD.

Eh ! mes chers amis, que vous arrive-t-il
donc ?

M. TAUPIN, à Toinette.

Vous n'avez pas reçu de mauvaises nouvelles?
votre mari est toujours mort?

GÉRARD.

Au contraire, mon oncle Taupin.

TOINETTE.

Il nous est revenu.

Mme RIBOULARD.

Vraiment!.. Ah! que je suis enchantée!..
A part.) Il paraît que c'était vrai.

TOINETTE.

Nous n'avons pas voulu avoir une si grande
joie sans la partager avec nos amis.

Mme RIBOULARD.

Je suis bien sensible , certainement... (A part.)
C'est égal, ce n'est plus aussi amusant.

GÉRARD.

M. Vannard, vous ne serez plus aussi scrupu-
leux, ou, ma foi ! son mari pourrait se fâcher.

M. VANNARD.

Croyez bien , M. Gérard...

GÉRARD.

Oui, oui, je crois... Nous sommes trop heureux pour vous en vouloir.

Mme RIBOULARD.

Ah ça! mais présentez-nous donc à votre beau-
frère; je brûle de le connaître, moi.

GÉRARD, conduisant Mme Riboulard devant Bertaut.

Le voici, madame Riboulard.

Mme RIBOULARD, le reconnaissant.

Le baron !.. Comment, c'est là ?..

GÉRARD.

Oui, Madame; M. Bertaut.

Mme RIBOULARD.

Le mari de votre sœur?

GÉRARD.

Sans doute.

Mme RIBOULARD.

Ah! par exemple...

BERTAUT, bas, en lui serrant la main.

Silence! Madame!

Mme RIBOULARD.

Très bien, Monsieur, je comprends. (A part.)
A la bonne heure donc; il y a du mystère, de
l'intrigue; je m'y retrouve. (Haut.) je vous félicite de tout mon cœur, ma chère dame; vous
avez un mari qui mérite toute l'estime, toute la
la tendresse...

TOINETTE.

Oh! oui; et, si vous le connaissiez comme
moi, si vous saviez combien il est bon, sensible!
on ne le croirait pas à voir ce regard fier, ce
front sévère... Mais ces militaires, ils cachent
sous l'extérieur le plus froid une âme passionnée.

Mme RIBOULARD.

Oui, oui, je sais que ces Messieurs sont sus-
ceptibles de beaucoup d'attachement... (A part.)
Mais est-elle effrontée, cette petite femme!..
présenter comme son mari... Ah! quelles mœurs!

GÉRARD, qui parlait au fond à ses amis.

Eh bien! c'est dit, vous déjeûnerez tous avec
nous; nous célébrerons le verre à la main, le
retour de ce bon frère... Ah! diable, une pra-
tique! ajournons la joie jusqu'après les affaires.

SCÈNE XIV.

LES MÊMES, STÉPHANIE, UN VALET.

(La baronne paraît au fond; en voyant tant de monde, elle s'arrête.)

STÉPHANIE.

Je vous dérange, pardon; je viens seulement
prendre la parure que je vous ai commandée
pour ma fille.

BERTAUT, à part.

O ciel! Stéphanie.

Mme RIBOULARD, à part, le regardant.

La Baronne! Que va-t-il faire?

GÉRARD.

Ah! mon Dieu, Madame, l'ouvrier ne l'a pas
encore rapportée.

STÉPHANIE.

Je désirerais bien qu'elle l'eût aujourd'hui,
cette chère enfant.

TOINETTE.

Il ne peut tarder à venir, si Madame voulait
attendre?

BERTAUT, à part.

Je suis perdu!

STÉPHANIE.

Je ne le puis.

TOINETTE.

Eh bien! aussitôt qu'il sera venu, l'on portera
sur-le-champ les bijoux à Madame.

STÉPHANIE.

Mille remerciemens; je compte sur votre complaisance. Savez-vous ma demeure?

Mme RIBOULARD.

Je l'indiquerai; Madame loge chez moi.

(Stéphanie sort.)

SCÈNE XV.

LES MÊMES, excepté STÉPHANIE.

BERTAUT, bas à madame Riboulard.

Madame, le repos, le bonheur de toute cette
famille dépendent de votre discrétion.

Mme RIBOULARD, de même.

Vous pouvez être tranquille, monsieur le baron; je serai muette... mais vous m'expliquerez...

BERTAUT.

Plus tard! plus tard!

GÉRARD.

A table! à table!
(Les hommes donnent la main aux femmes. — Mouvement pour sortir par la gauche.)

TOINETTE, à Bertaut qui est resté absorbé.

Viens-tu, mon ami?

(Elle lui prend la main et l'entraîne.)

Mme RIBOULARD, seule, sur l'avant-scène.

Je m'y perds... Arrivé depuis trois jours!..
laquelle est la femme? laquelle est la maîtresse?

GÉRARD, à la porte de gauche.

Allons donc, madame Riboulard!

FIN DU PREMIER ACTE.

ACTE II.

Un salon richement décoré, dans l'hôtel des Alpes. Au fond, entre deux fenêtres, une cheminée ornée d'une
glace sans tain. De chaque côté, deux portes, séparées par des trumeaux en glace. Candelabres, lustres;
fauteuils et siéges disposés au fond et sur les côtés.

SCÈNE I.

CAROLINE, KAISERSBRUCK, THIERRY.

(Ils entrent par la première porte à gauche.)

THIERRY, les introduisant.

Madame la baronne est à sa toilette; je vais l'a-
vertir.

KAISERSBRUCK.

Il suffit... nous attendrons.

(Thierry sort par la première porte de droite, re-
paraît un instant après, et traverse le théâtre.)

SCÈNE II.

CAROLINE, KAISERSBRUCK.

KAISERSBRUCK.

Cette chère cousine!.. loger dans le même
hôtel, sous le même toit, sans le savoir... c'est
très original! il n'y a que Paris pour ces choses-
là!.. Je suis bien enchanté de la revoir!

CAROLINE.

Et moi, bien curieuse de la connaître. Est-
elle jolie?

KAISERSBRUCK.

Beaucoup moins que vous.

CAROLINE.

Est-ce encore de la diplomatie que vous faites là?

KAISERSBRUCK.

Moi, point du tout. Vous savez bien, ma belle amie, que je suis franc avec vous. Je garde ma diplomatie pour les affaires d'état.

CAROLINE.

C'en est une pour moi... sa beauté m'inquiète, sa jeunesse aussi. S'il allait vous prendre envie de l'épouser?..

KAISERSBRUCK.

Quelle folie!

CAROLINE.

Ce serait, pour avoir sa fortune, un moyen beaucoup plus sûr que de compter sur sa résolution de garder le célibat.

KAISERSBRUCK.

Ma chère Caroline, c'est bien mal à vous de me soupçonner de telles dispositions. Que me fait à moi la fortune de ma parente? Si j'aspire à gagner ses bonnes grâces, si je vise à son héritage, vous savez pour qui, méchante... c'est pour vous... (A part.) et mes créanciers. (Haut.) D'ailleurs, ma démarche d'aujourd'hui doit vous rassurer. Si j'avais l'intention que vous me supposez, il y aurait bien peu de diplomatie à présenter, ici, comme ma femme, celle...

CAROLINE.

Celle qui ne l'est pas encore.

KAISERSBRUCK.

Et qui le sera bientôt; car, pour vous rassurer encore plus, sachez que jamais ma cousine ne consentirait à me prendre pour époux.

CAROLINE.

Pourquoi donc? Elle serait bien difficile.

KAISERSBRUCK.

Flatteuse!

CAROLINE.

Ce n'est pas vous que je flatte, c'est moi. Je ne vois pas, quand j'accepte vos hommages, qu'une baronne polonaise...

KAISERSBRUCK.

Oh! vous n'entendez pas. Quand je dis que je déplairais à ma cousine, c'est que bien des gens lui déplaisent aussi... Vous autres, dames de Paris, vous ne concevez pas ce que c'est qu'une belle polonaise, élevée dans la solitude; enveloppée, pour ainsi dire, des habitudes du XIIe siècle, nourrie des rêves de Lessing et de Fitche, des conceptions fantastiques de Goëthe, de Schiller! Il n'y a, dans cet esprit-là, que des troubadours, des chevaliers, des revenans, de la poésie, des amours d'un autre monde... Le matériel de notre siècle l'épouvante; nos mœurs, nos usages, sont pour elle ce que ma politique est pour vous, un mystère incompréhensible, qu'elle dédaigne, parce qu'elle ne peut l'atteindre. Vous, au contraire, l'idéal n'est pas votre fait c'est du positif qu'il vous faut: un bon mari avec une bonne voiture; une bonne table, une bonne maison, un bon titre. Ce que vous cherchez dans un homme, ce n'est pas l'exaltation des sentimens, l'éclat du génie, c'est... La modestie m'empêche d'achever.

CAROLINE, à part.

Le sot! (Haut.) Si bien que vous n'êtes point assez idéal pour plaire à votre cousine?

KAISERSBRUCK.

Ni moi, ni personne. Avec de pareils goûts, on ne se marie jamais.

CAROLINE.

Eh! qui vous dit que les steppes de la Russie n'auront pas offert, à ses regards, ce mortel imaginaire qu'elle chercherait en vain dans les salons de Berlin, de Vienne et de Paris?

KAISERSBRUCK.

Laissez donc! vous ne connaissez pas les Russes. Il n'y a dans ce pays-là que des seigneurs et des esclaves: or, rien qui soit moins fait pour séduire l'imagination qu'un hetman de kosaques; et, quant aux beaux Messieurs de la cour et de l'armée, ils sont encore plus positifs que vos Parisiens. Savez-vous ce que tous les officiers russes demandaient en entrant à Paris? Le Palais-Royal. Et, en entrant au Palais-Royal? Véry.

CAROLINE.

Vous direz ce que vous voudrez, mais le voyage de la Baronne, en France, ne me présage rien de bon pour vos projets sur sa fortune.

KAISERSBRUCK.

Parbleu! si elle était mariée, j'en aurais su quelque chose.

CAROLINE.

Combien y a-t-il de temps que vous ne l'avez vue?

KAISERSBRUCK.

Nous nous séparâmes en 1812, à Berlin, un peu après la mort de sa mère.

CAROLINE.

Et, depuis ce temps, pas de nouvelles?.. Mon ami, votre cousine est mariée.

KAISERSBRUCK.

Impossible, vous dis-je. Relisons le billet qu'elle vient de m'écrire en arrivant. (Il tire un billet de sa poche.) « Mon cher Wilhelm, je suis à Paris depuis deux jours pour un motif que je brûle de vous apprendre...

CAROLINE.

C'est son mariage.

KAISERSBRUCK, lisant.

» Venez me voir demain à quatre heures: vous me trouverez seule... » Seule! vous entendez... preuve qu'elle n'est pas mariée.

CAROLINE.

Preuve qu'elle l'est. A une autre heure de la journée vous ne la trouveriez pas seule.

KAISERSBRUCK, lisant.

« Vous demanderez la baronne Stéphanie... » C'est son nom de demoiselle: elle a signé du même nom; donc elle n'a pas de mari.

CAROLINE.

Donc elle en a un! Sans cela, vous eût-elle dit de la demander par son nom de demoiselle? Ne voyez-vous pas qu'elle se ménage le plaisir de vous instruire elle-même? Pour un diplomate, vous avez bien peu de perspicacité.

KAISERSBRUCK.

Diable! si c'était vrai! au reste, nous allons le savoir, car je crois l'entendre. Oui, c'est elle.

SCÈNE III.

CAROLINE, KAISERSBRUCK, STÉPHANIE,
en grande parure de bal.

STÉPHANIE.

Mon cher cousin, que je suis aise de vous revoir : il y a si long-temps... (Saluant Caroline.) Madame...

KAISERSBRUCK, lui baisant la main.

Vous êtes plus belle que jamais. Ce qui est parfait ne change pas.

STÉPHANIE.

Toujours complimenteur ! cela m'empêche de vous dire que je vous trouve un peu maigri.

KAISERSBRUCK.

Que voulez-vous ? un homme d'état... Permettez que je vous présente la comtesse de Kaisersbruck.   STÉPHANIE.

En vérité ?.. Quel bonheur pour moi d'avoir une si belle parente ! Madame est Française ?

CAROLINE.

Oui, Madame.

STÉPHANIE.

C'est un bonheur de plus... Ah ! mon cousin, je rétracte tout ce que je disais autrefois sur votre mauvais goût ; vous êtes adorable, et je vous embrasserais...

KAISERSBRUCK, s'avançant.

Eh bien !..

STÉPHANIE.

Non, non ; car il faut, d'abord, que je me fâche. Comment ! vous vous mariez sans me prévenir ! fi ! que c'est mal de ne pas faire partager sa joie à ses meilleurs amis !

KAISERSBRUCK.

Ah ! la distance, l'ignorance des lieux que vous habitiez...

STÉPHANIE.

Mauvaises raisons, mon cher ; surtout pour un homme d'état, qui a toutes les postes de l'Allemagne à sa disposition. Je gagerais que ma belle cousine vous a blâmé plus d'une fois de votre silence à mon égard ?

CAROLINE.

Certainement, Madame. Je suis bien sûre qu'en pareil cas vous n'auriez pas agi de la sorte ?

STÉPHANIE.

Ah ! ma cousine, ne jurons de rien.

KAISERSBRUCK, à part.

Comment !

STÉPHANIE.

Dans les reproches que je fais, il y a quelque peu de remords. Je ne gronderais pas tant, si moi-même je n'avais pas mérité d'être grondée.

KAISERSBRUCK.

Vous, ma cousine !

CAROLINE, à Kaisersbruck, à part.

Vous voyez.

STÉPHANIE.

Hélas ! oui, avec cette différence que vous ne seriez pas venu me dire, en Russie, ce que je viens vous dire, en France.

KAISERSBRUCK.

Vous êtes mariée !

STÉPHANIE.

Oui, mon ami !.. cela vous fâche ?

KAISERSBRUCK.

Moi, fâché !.. non.

STÉPHANIE.

Vous en avez l'air.

KAISERSBRUCK.

Le dépit de vous perdre...

STÉPHANIE.

Me perdre ! vous êtes fou. Ce serait pardonnable si vous étiez garçon ; car je me souviens encore de vos galanteries.

KAISERSBRUCK.

Oui, sans doute ; mais un autre...

STÉPHANIE.

Eh bien ! un autre à moi, une autre à vous, tout est pour le mieux ; et, bien loin de me perdre, vous me retrouvez pour long-temps ; je viens rester à Paris. J'ai fait comme vous : vous avez épousé une Française, et moi, un Français. Si vous avez acquis du bon goût, je n'ai pas perdu le mien.

KAISERSBRUCK.

C'est charmant !.. Et, ce cher cousin, est-ce qu'on ne le verra pas ? est-ce qu'on ne saura pas son nom ?

STÉPHANIE.

Tout à l'heure ; mais avant, laissez-moi réparer mes torts, en vous racontant les événemens qui ont changé ma vie. Il y a du romanesque là-dedans.

KAISERSBRUCK.

Oh ! alors tout s'explique.

(Caroline et Stéphanie s'asseyent, Kaisersbruck reste debout entr'elles, appuyé sur un fauteuil.)

STÉPHANIE.

Lors de la dernière guerre de Russie je me vis obligée de chercher un asile à Moscou. Soit oubli, soit malveillance, je ne fus point informée du grand projet national, et j'appris l'incendie de cette ville par les cris qui m'éveillèrent, par la fumée qui m'étouffait, par les craquemens des toits embrasés qui chancelaient sur ma tête. Tout-à-coup ces mots viennent frapper mon oreille : « Il y a des femmes dans cette maison ! au secours, camarades !.. » Et un moment après, j'étais dans les bras d'un homme qui m'emportait au milieu des flammes. C'était un des braves de l'armée, qui de simple soldat était devenu capitaine : il s'appelait Bertaut. Quinze jours après l'événement, il était parti. Au fatal passage de la Bérésina, il sauva son corps entier, en faisant tête aux Russes pendant trois heures, avec sa compagnie réduite des deux tiers ; et, pour prix de sa bravoure, fut nommé colonel du régiment qu'il avait conservé.

KAISERSBRUCK.

Mais c'est un héros que cet homme-là !

CAROLINE.

Est-il noble ?

STÉPHANIE.

Il est baron ; mais laissez-moi achever. Vers la fin de 1813, je le revis ! mais hélas ! blessé à la bataille de Dresde, fait prisonnier dans cette ville, il allait expier sa gloire au fond de quelque province lointaine, en Sibérie peut-être ! quand son bonheur, ou plutôt le mien, m'amena sur son passage. J'étais revenue à Smolensk, lorsque j'appris qu'un dépôt de prisonniers français était momentanément dans cette ville, pour y attendre sa destination. Le jour de la reconnaissance était venu : je ne fus point ingrate. Un oukase impérial dispensait de la déportation ceux qui contractaient mariage sur le sol de l'empire... L'ordre du départ se faisait attendre : quand il arriva, le colonel était mon époux. (Se levant.) Mais tenez, le voici sans doute ; vous allez le connaître.

SCÈNE IV.

CAROLINE, KAISERSBRUCK, STÉPHANIE, BERTAUT.

STÉPHANIE.

Mon ami, je vous présente mon cousin, dont je vous ai parlé ; le comte de Kaisersbruck, chargé d'affaires... (Ils se saluent, et s'écrient :)

BERTAUT.

Dieu !

KAISERSBRUCK.

Comment !

STÉPHANIE.

Quelle surprise ! Vous seriez-vous vus quelque part ?

CAROLINE, au Comte, à part.

Qu'est-ce donc ?

KAISERSBRUCK, à part.

Ce monsieur... tout à l'heure... chez le bijoutier... Regardez...

CAROLINE, à part.

En effet !... Est-il possible ?..

BERTAUT.

La figure de monsieur... je m'abuse peut-être... Je... (A part.) Je voudrais être anéanti !

STÉPHANIE, à part.

Qu'a-t-il donc ? (Haut.) Madame est notre cousine.

BERTAUT.

Ah ! je vous félicite, monsieur...

CAROLINE, à part.

C'est inconcevable !

STÉPHANIE.

Quand vous êtes entré, mon ami, j'allais engager nos parens à notre soirée... veuillez vous joindre à moi. J'espère que la Comtesse excusera cette forme d'invitation. C'est une réunion improvisée... Mon mari a voulu célébrer son retour avec d'anciens amis, de vieux compagnons d'armes. J'ai moi-même ici, vous le savez, Wilhelm, quelques parens éloignés, quelques connaissances de notre pays... Vous viendrez, n'est-ce pas ?

KAISERSBRUCK.

Oui, avec beaucoup de plaisir, si madame n'a pas d'autre projets.

CAROLINE.

Mes projets sont les vôtres, mon ami. (Bas.) Et ils réussiront, j'en suis sûre à présent. (Haut.) Mais ne soyons pas indiscrets ; nous gênons madame dans ses préparatifs.

STÉPHANIE.

Point du tout. (A part.) Mon mari a l'air impatienté de leur présence.

KAISERSBRUCK.

Allons, à ce soir, belle cousine. Colonel, au revoir. (A part.) Deux femmes à la fois ! je m'y perds. (Haut à Caroline qui l'attend avec impatience.) Madame, quand vous voudrez.

(Ils sortent par la première porte de gauche.)

SCÈNE V.

STÉPHANIE, BERTAUT.

BERTAUT, à part, pendant que Stéphanie reconduit.

Que faire ? ô mon Dieu !.. Oh ! possédons-nous ! qu'elle ignore un moment de plus son malheur.

STÉPHANIE, qui l'a observé, s'approchant de lui.

Mon ami, vous avez du chagrin, ou la vue de ces personnes vous a contrarié.

BERTAUT.

Moi ? non. Que me font ces gens ? leur présence, comme leur absence, m'est indifférente.

STÉPHANIE.

Louis, de quel air vous me dites cela ?

BERTAUT.

Pardon, je devrais me rappeler que c'est ton cousin, que souvent, bien souvent tu m'as parlé de lui.

STÉPHANIE.

Bien souvent ! Ah ! mon ami, il y a plus d'une pensée dans ce mot-là. Est-ce que vous seriez aussi faible que moi ?

BERTAUT.

Comment ?

STÉPHANIE.

Vous rappelez-vous mes accès de tristesse, et les justes reproches que m'adressait votre amour, quand j'écoutais le récit de votre vie passée ? quand vous me parliez de cette première épouse que vous aviez tant aimée ?..

BERTAUT.

Que dites-vous, Stéphanie ?.. Laissons là ces souvenirs...

STÉPHANIE.

Oh ! non, parlons-en plutôt, car je suis devenue raisonnable. Qu'est-ce que la jalouse, quand elle a pour objet l'être qui n'est plus ?

BERTAUT.

Qui n'est plus !

STÉPHANIE.

C'est une folie bien inconcevable, et pourtant on ne peut s'en défendre. Il me semblait que vous deviez m'appartenir tout entier. Je voyais avec peine qu'une autre avait eu les mêmes droits et les mêmes secrets pour vous rendre heureux ; qu'une autre avait dit de même : il est tout à moi. Cet amour me semblait une usurpation d'un bien qui m'était destiné ; je craignais, pour le passé, comme on craint pour l'avenir ; cette jeune fille, qui s'arrachait à sa famille, à son pays, pour suivre son ami sur la terre étrangère ; qui bravait pour lui les dangers de la guerre, les rigueurs de la saison, les maladies, la mort ; eh bien ! je tremblais toujours de rester au-dessous d'elle, et je demandais au ciel d'avoir aussi des sacrifices à faire, pour mériter d'être aimée comme elle.

BERTAUT.

Comme elle !.. quel mot ! elle comme toi !.. non, c'est impossible.

STÉPHANIE.

Calme-toi, mon bon ami, je suis bien rassurée maintenant ; je te l'ai dit, je suis devenue raisonnable. N'ai-je pas entretenu moi-même des souvenirs qui m'étaient si pénibles d'abord ? Sûre de ton amour, heureuse et fière de le posséder toujours, de le posséder seule, je regrettais cette jeune femme, comme on regrette une sœur qu'on a perdue ; je la remerciais de t'avoir aimé, d'avoir préparé ton bonheur, quand je n'étais pas encore là pour le faire.

BERTAUT.

Stéphanie !.. excellente Stéphanie !.. je t'en conjure, n'en parlons plus... Où est ma fille ?

STÉPHANIE.

J'ai voulu qu'elle profitât d'un moment de soleil : elle continue sa promenade.

BERTAUT.

Je voudrais la voir. Je suis sorti de bonne heure...

STÉPHANIE.

Vous avez dû retrouver des camarades, renouer d'anciennes liaisons ?

BERTAUT.

Des liaisons... oui... Il y a des rencontres qui tuent.

STÉPHANIE.

Quelque victime de ces temps malheureux, sans doute ?

BERTAUT.

Oui... oui... une victime... deux... laissons cela. Ma petite Louise ne rentre pas !.. de quel côté est-elle allée ?

STÉPHANIE.

Aux Tuileries.

BERTAUT.

Eh bien ! j'y vais passer, je l'embrasserai.

STÉPHANIE.

Souvenez-vous, mon ami, que vous dînez chez le ministre.

BERTAUT, se dirigeant vers la porte de gauche.

Oui, je m'y rendrai. Il est probable que je ne reviendrai pas auparavant.

STÉPHANIE.

C'est bien long. Songez à notre petite soirée : ne me laissez pas l'embarras de recevoir des personnes que je ne connais pas.

BERTAUT.

Sois tranquille, mon amie.

SCÈNE VI.

LES MÊMES, THIERRY.

THIERRY, entrant par la gauche et annonçant.

La bijoutière du Palais-Royal !

BERTAUT, à part.

Dieu ! Toinette.

STÉPHANIE.

Faites entrer. (Thierry sort.)

SCÈNE VII.

BERTAUT, STÉPHANIE.

BERTAUT.

Que va-t-il se passer ? Fuyons... ma tête s'égare... (A Stéphanie.) Adieu ! adieu !

(Il va sortir par la droite.)

STÉPHANIE.

Comme vous êtes pâle !

BERTAUT.

Moi !.. non...

STÉPHANIE.

Eh bien ! par où allez-vous ?

BERTAUT.

Par ma chambre : il faut que je mette mon uniforme.

STÉPHANIE.

C'est juste ; alors je vous reverrai ?

BERTAUT.

Peut-être.

(Il entre précipitamment dans la deuxième chambre à droite.)

STÉPHANIE, étonnée.

Peut-être !.. de quel ton il a prononcé ce mot !

SCÈNE VIII.

STÉPHANIE, TOINETTE.

TOINETTE.

Madame, voici la parure que vous avez achetée pour mademoiselle votre fille.

STÉPHANIE.

Il ne fallait pas vous donner la peine de l'apporter vous-même.

TOINETTE.

L'ouvrage va fort, tous nos ouvriers sont occupés. Voudriez-vous jeter un coup-d'œil sur votre emplette ?

STÉPHANIE, regardant l'écrin.

Charmant ! voilà ce que je désirais.

TOINETTE.

Si madame voulait l'essayer ?

STÉPHANIE.

Ma fille n'est pas là, mais elle ne peut tarder. Si vous aviez la bonté d'attendre un moment, vous jugeriez vous-même de l'effet.

TOINETTE.

Et du plaisir, n'est-ce pas, madame ? car c'est une jouissance bien vive pour une petite demoiselle de se voir parée.

STÉPHANIE.

Une plus vive encore pour la mère, de parer sa fille.

TOINETTE.

Ah oui !

STÉPHANIE.

Auriez-vous des enfans, madame ?

TOINETTE.

Hélas ! madame, j'ai été mère une fois ; et je ne l'ai été que pendant une année.

STÉPHANIE.

Dieu ! que je vous plains !

TOINETTE.

Elle aurait neuf ans, ma pauvre petite Louise !

STÉPHANIE.

Elle s'appelait Louise ?

TOINETTE.

Oui, madame.

STÉPHANIE.

Comme la mienne.

TOINETTE.

Puissiez-vous la conserver toujours ; de pareils chagrins peuvent faire mourir. C'est par miracle, moi, que j'ai survécu à mon enfant.

STÉPHANIE.

Pauvre mère !

TOINETTE.

Je sens cette perte plus vivement que jamais, aujourd'hui que mon mari est revenu.

STÉPHANIE.

Où était-il donc ?

TOINETTE.

Mon Dieu, madame, vous allez trouver singulier que je ne puisse vous répondre au juste ; j'ai si peu causé avec lui. Tout ce que je sais, c'est qu'il était prisonnier, et qu'il revient de bien loin : on dit que ce pays-là s'appelle... la Sibérie.

STÉPHANIE.

Votre mari en Sibérie ! oh ! il a dû bien souffrir ; c'est une contrée affreuse. Le mien a bien manqué d'y aller.

TOINETTE.

Monsieur le Baron était au service, madame ?

STÉPHANIE.

Oui, c'est un Français aussi ; je l'ai épousé en Russie. Votre mari est-il officier ?

TOINETTE.

Certainement, madame, et il a un beau grade ; mais je vous avoue encore que je ne sais pas lequel : j'étais si remplie du bonheur de le revoir, que je n'ai pas songé à son rang. Tout ce que je puis dire, c'est qu'il était sergent-major quand il me quitta, et qu'il est bien plus maintenant.

STÉPHANIE.

Faites-le-moi connaître : si le colonel pouvait lui être utile, il s'emploierait pour lui bien volontiers. Qui sait, peut-être se sont-ils trouvés dans les mêmes périls ? c'est un si grand bonheur pour des braves de se revoir après tant de dangers ! la connaissance est bientôt faite entre des gens pour qui les mêmes noms rappellent les mêmes souvenirs.

TOINETTE.

Mon mari, je puis le dire, est digne de votre estime et de votre bienveillance. Monsieur le baron l'aimera pour sa bravoure, et vous, madame, pour sa bonté.

STÉPHANIE.

Vous étiez heureuse avec lui ?

TOINETTE.

Oh ! madame, heureuse ne dit pas assez : il me faudrait votre instruction et vos moyens pour parler de cet état-là. Voyez-vous, on le sent, on ne l'explique pas. Figurez-vous un diable au combat, un ange à la maison. Figurez-vous... dame, je ne peux pas dire, moi ; il n'y a pas un mot qui exprime mon idée. Si vous êtes comme j'étais, vous me comprenez sans que je parle ; si ce bonheur-là vous manque, pardon de la supposition, vous ne m'entendriez jamais, quand même je saurais m'exprimer...

STÉPHANIE.

Je vous comprends à merveille, ma chère dame, et je partage bien vivement votre félicité. Venez, avant que le colonel ne sorte, je veux que vous le voyiez ; vous lui parlerez de votre mari. *(Elle fait un pas vers la chambre du Baron.)*

SCÈNE IX.

Les Mêmes, LOUISE.

LOUISE, courant dans les bras de sa mère.

Bonjour, maman... (A Toinette) Bonjour madame.

STÉPHANIE.

Bonjour, mon ange.

TOINETTE, à part.

Dieu ! quelle ressemblance !... Je suis folle ! Je vois partout les traits de Bertaut.

STÉPHANIE.

Vous regardez ma fille : c'est tout le portrait de son père... Louise, embrassez madame ; elle avait aussi une petite fille qui s'appelait comme vous.

LOUISE.

Je voudrais bien la voir !

STÉPHANIE.

Il ne faut pas dire cela ; vous faites de la peine à madame : elle a perdu sa Louise.

LOUISE.

Tu ne me perdras pas, moi ?...

TOINETTE.

Non, ma bonne amie, non : vous resterez avec votre maman.

LOUISE.

Et maman avec papa ?

TOINETTE.

Oui, toujours.

STÉPHANIE.

Que le ciel vous entende ! Louise, va dire à ton papa de venir : il est dans sa chambre.

LOUISE.

Non, maman, il n'y est pas : je viens de le rencontrer.

STÉPHANIE.

Comment !... et où donc ?

LOUISE.

Dans la rue ; je donnais la main à ma bonne, et je regardais les images devant une boutique... Je me suis sentie enlever, et j'allais crier, quand j'ai vu que c'était papa.

TOINETTE.

Tenez, ma bonne petite demoiselle, voici votre parure ; votre maman va vous l'essayer.

LOUISE, pendant qu'on lui essaie les bijoux.

Oh ! le joli collier ! les belles boucles d'oreilles ! Est-ce qu'on va me les laisser ?

STÉPHANIE.

Oui, pour ce soir. Tout cela va parfaitement. Je vous demande pardon de vous avoir retenue. J'y ai gagné le plaisir de vous connaître, celui peut-être de vous devenir utile. N'oubliez pas ma promesse.

TOINETTE.

Oh ! je n'oublierai rien de ce que j'ai vu ici, surtout cette charmante demoiselle. Permettez-moi d'embrasser ce petit ange. Louise, voulez-vous ?

LOUISE.

De tout mon cœur.

(Toinette l'embrasse. Stéphanie et Louise entrent dans leur chambre. Toinette les suit des yeux.)

SCÈNE X.

TOINETTE *.

Je n'en reviens pas... Cette enfant produit sur moi un singulier effet : il y a dans son regard, dans le son de sa voix, dans ses manières quelque chose qui m'attire... Quand je pense que je ne la reverrai peut-être plus, cette idée m'af-

---

* Pendant ce monologue, des valets entrent et allument les bougies des lustres et des candélabres.

flige; il me semble qu'on me sépare de quelqu'un que j'aime depuis long-temps... Allons,
il faut retourner à la maison : Bertaut y sera
revenu; il m'a quitté ce matin si brusquement...
je n'ai pas eu le temps de savoir sa demeure.
(Elle va sortir.)

SCÈNE XI.

CAROLINE, en parure de bal, TOINETTE.

CAROLINE.

Je ne me trompe pas! c'est la sœur de M. Gérard ! (A part.) Elle ici ! voilà qui est singulier !

TOINETTE, sortant.

Votre servante, madame.

CAROLINE, la regardant.

Quelle tranquillité!... Il n'y a donc pas eu
d'explication ?... Tant mieux, je ne changerai
rien à mon plan. (Elle va tirer le cordon de la son-
nette qui est à la cheminée.) Ne perdons pas un
instant.

SCÈNE XII.

CAROLINE, THIERRY.

CAROLINE, lui remettant plusieurs lettres.

Portez ces lettres chez M. Gérard, bijoutier.

THIERRY.

Je sais, madame.

CAROLINE.

Vous direz que c'est de la part de du colonel
Bertaut. Surtout pas un mot de plus, sinon que
vous priez M. Gérard de ne pas dire que vous
les avez remises si tard. Puis, pour échapper
à des questions, sauvez-vous.

THIERRY.

Suffit, madame.

CAROLINE.

En descendant, envoyez ici madame Riboulard.

THIERRY.

Oui, madame.   (Il sort.)

SCÈNE XIII.

CAROLINE, seule.

Tout s'organise à merveille ! La découverte
que nous avons faite ce matin, et les précautions
que je viens de prendre m'assurent maintenant
le sort brillant que j'ambitionnais. J'ai vu le moment où cette belle chance allait m'échapper.
Un rang, une fortune! cela vaut bien la peine
qu'on se donne un peu de peine. Je ne veux de
mal à personne, moi, au contraire ; cette petite
femme est si bonne, si gentille ! il est juste qu'on
lui rende son mari. Quant à l'autre, je la plains,
mais elle ne peut rester madame Bertaut. Demain, après-demain, l'affaire allait en justice...
il vaut mieux qu'elle se passe en famille. Je suis
sûre qu'une fois séparée de son colonel, la belle
Polonaise ne se remariera pas, et je ne risque
rien à épouser le Comte.

SCÈNE XIV.

KAISERSBRUCK, en costume de bal, CAROLINE.

KAISERSBRUCK.

Ah ! vous voici ! Que faites-vous donc, quand
je vous cherche partout, quand nous avons tant
besoin de nous concerter ?...

CAROLINE.

Tout est concerté.

KAISERSBRUCK.

De nous entendre ?...

CAROLINE.

Tout est entendu.

KAISERSBRUCK.

Je ne comprends pas...

CAROLINE.

Tant pis!

KAISERSBRUCK.

En ce cas je ne puis rien faire.

CAROLINE.

Tant mieux!

KAISERSBRUCK.

Vous avez tout dit à la baronne?

CAROLINE.

Non.

KAISERSBRUCK.

A Gérard?

CAROLINE.

Non.

KAISERSBRUCK.

A la première femme ?

CAROLINE.

Pas davantage.

KAISERSBRUCK.

Vous avez averti la justice ?

CAROLINE.

Fi donc !

KAISERSBRUCK.

Vous avez répandu la nouvelle dans le public?

CAROLINE.

Bah !

KAISERSBRUCK.

Alors je ne vois pas...

CAROLINE.

Quel est le dernier orateur qui a parlé à la
Chambres des Communes ?

KAISERSBRUCK.

Sir Cobbett...

CAROLINE.

Quel est le cours de la rente?

KAISERSBRUCK.

85, 70.

CAROLINE.

Comment se porte le pacha d'Egypte?

KAISERSBRUCK.

Il est enrhumé.

CAROLINE.

Voilà vos affaires : laissez-moi les miennes,

KAISERSBRUCK.

Oh ! c'est trop fort ! je veux savoir...

SCÈNE XV.

KAISERSBRUCK, Mᵐᵉ RIBOULARD, CAROLINE.

CAROLINE.

Venez, madame Riboulard : nous avons besoin, monsieur et moi, de vos services.

KAISERSBRUCK.
Oui. (A part.) Si je sais pourquoi !...
Mme RIBOULARD.
Monsieur et madame...
CAROLINE.
Plus bas.
Mme RIBOULARD, plus bas,
Peuvent compter sur mon dévouement et mon
intelligence. (A Kaisersbruck.) De quoi s'agit-il?
KAISERSBRUCK.
D'une bagatelle.
CAROLINE.
En apparence ; mais au fait d'une chose très
importante.
KAISERSBRUCK.
Sans doute. Surtout de la discrétion.
Mme RIBOULARD.
Monsieur, j'ai deux yeux pour voir, deux
oreilles pour entendre, et n'ai qu'une bouche
pour parler : je ne dis jamais que le quart de
ce que je sais. Tenez, la sœur de M. Gérard.,.
si je voulais jaser....
KAISERSBRUCK.
C'est cela, madame Riboulard.
CAROLINE.
Eh bien ! non, ce n'est pas cela.
Mme RIBOULARD.
Qu'est-ce donc ?
CAROLINE.
Le colonel donne une soirée...
Mme RIBOULARD.
Eh ! mon dieu, cette soirée me cause assez de
peine !
CAROLINE.
Ecoutez-moi donc !
KAISERSBRUCK.
Oui, si vous parlez toujours, vous ne saurez
rien, (A part.) ni moi non plus.
Mme RIBOULARD.
Dites, monsieur, j'écoute.
KAISERSBRUCK.
C'est madame...
CAROLINE.
Vous ne sortez pas, ce soir, madame Ribou-
lard ?
Mme RIBOULARD.
Je ne sors pas, oui et non ; car j'ai fait
baptiser mon petit fils aujourd'hui : on fait des
gauffres chez l'accouchée, et vous pensez bien
que le parrain viendra chercher la grand'ma-
man.
CAROLINE.
Madame, monsieur le comte et moi, nous
vous prions de ne pas sortir avant neuf heures.
Mme RIBOULARD.
C'est un peu tard, madame ; car chez une
femme en couches qui nourrit..,
CAROLINE.
Vous serez libre sans doute avant. Voici de
quoi il s'agit : la petite bijoutière viendra...
Mme RIBOULARD.
Bah !
CAROLINE.
Vous la recevrez chez vous.
Mme RIBOULARD.
J'entends.
KAISERSBRUCK, à part.
Elle a plus d'esprit que moi.

CAROLINE.
Elle demandera monsieur le Comte.
KAISERSBRUCK, à part.
Moi !
Mme RIBOULARD.
Monsieur ?
KAISERSBRUCK.
Oui, moi. Est-ce que vous ne comprenez pas?
Mme RIBOULARD.
Si fait, si fait. Vous serez donc ici ?
KAISERSBRUCK.
Ici ou ailleurs , qu'importe ?
CAROLINE.
Ici. Madame Riboulard viendra vous pré-
venir... Mais, j'entends ma cousine. Voilà ce
que c'est de... Madame, descendez ; dans un
moment je vais vous expliquer le reste.
KAISERSBRUCK, à part.
Maudite bavarde ! Il est dit que je ne saurai
rien.
CAROLINE.
Tout à l'heure je vous ferai comprendre...
KAISERSBURCK, à part.
C'est fort heureux !

(Madame Riboulard sort.)

SCÈNE XVI.

STÉPHANIE, LOUISE, KAISERSBRUCK.
CAROLINE.

STÉPHANIE.
Vous voici les premiers... On n'est pas plus
aimable ! Je compte sur votre obligeance, madame, pour me seconder un peu dans la récep-
tion des personnes que j'attends. Il y en aura
beaucoup que je ne connais pas.
CAROLINE , à part.
Beaucoup plus qu'elle ne pense.

SCÈNE XVII.

LES MÊMES, THIERRY, OFFICIERS ÉTRANGERS,
DIPLOMATES, DAMES et DEMOISELLES.

THIERRY, annonçant.
Monsieur le comte et madame la comtesse
Zarouski.

STÉPHANIE.
Ah ! une connaissance du pays ; cela m'en-
courage.   (Elle va au-devant d'eux et leur parle.)
THIERRY, annonçant.
Monsieur le général d'Armancé.
(Le Général entre, la Baronne le reçoit.)
KAISERSBRUCK, à Zarouski.
Mon cher collègue, enchanté de vous voir.
Eh bien ! il paraît que les métaliques de Vienne...
(Ils continuent leur entretien tout bas.)
THIERRY, annonçant.
Monsieur le contre-amiral Czérinoff. Monsieur
le baron et madame la baronne de Verni.
CAROLINE, à part.
Bon! des officiers-généraux, de la noblesse
Russe et Polonaise ! Voyez si cet original sortira
de sa politique ?
(Elle s'approche du comte et lui parle bas.)
THIERRY.
Madame et mademoiselle de Walberg.

CAROLINE, au comte en le ramenant sur l'avant-
scène.

Comprenez-vous ?

KAISERSBRUCK.

Parfaitement. Comment vous avez invité toute
la famille des Gérard ! mais ces gens-là vont
faire ici la plus sotte figure !

CAROLINE.

Tant mieux, cela jettera un peu de gaieté
dans le bal.

KAISERSBRUCK.

Le cher cousin sera bien surpris ! c'est déli-
cieux !

CAROLINE.

Chut ! le voilà !

SCÈNE XVIII.

LES MÊMES, BERTAUT,* accompagné de quelques
MILITAIRES de haut grade.

BERTAUT.

Mille pardons, si j'arrive un peu tard ; le ministre me retenait... je ne pouvais échapper. (A
Stéphanie.) Ma bonne amie, je te présente quel-
ques-uns de mes anciens compagnons d'armes,
qui ont dîné avec moi... Messieurs, voilà ma
femme. (A part, apercevant le Comte.) Encore ces
gens !... ils n'ont pas parlé... (Haut.) Bonsoir,
M. le comte.

KAISERSBRUCK,

Mon cher cousin. (A part.) Attends, il va t'en
arriver, des cousins.

STÉPHANIE, avec inquiétude à Bertaut.

Mon ami, vous étiez souffrant quand vous êtes
sorti... vous trouvez-vous mieux ?

BERTAUT.

Oui... oui... (A part.) Pour ce soir, du moins,
je suis tranquille.

STÉPHANIE, à part.

Il me trompe ; je ne sais ce qui l'agite. Un
pressentiment funeste me poursuit.

THIERRY, annonçant.

Monsieur le général et madame la comtesse
de Lombreuil.   (Le colonel va au-devant d'eux.)

THIERRY.

Monsieur et madame Taupin.

BERTAUT, à part.

Taupin !

SCÈNE XIX.

LES MÊMES, M. ET Mme TAUPIN.

TAUPIN, s'avance donnant le bras à sa femme.

C'est moi !.. Où est-il ce cher neveu ? (A sa
femme.) Dis-donc, madame Taupin, c'est-il du
beau monde, ça ?... ça m'éblouit ; je n'y retrouve
pas notre homme... M. Bertaut ?

BERTAUT, allant à lui.

Monsieur !

TAUPIN.

C'est lui ! oui, c'est bien lui : mais plus pâle
que ce matin... et puis, cet uniforme... Eh bien !
vous ne me reconnaissez pas ?.. Taupin, le fu-
miste... l'oncle de...

<hr>

BERTAUT, l'interrompant.

Oui, oui... enchanté de votre visite. Quel motif me procure ?..

TAUPIN.

Ah ! je n'aurais pas manqué l'invitation pour
vingt francs... Je vous demande bien pardon d'a-
voir amené mon épouse ; elle n'était pas sur le
billet ; mais comme on dit : il n'y a pas de feu
sans fumée...

KAISERSBRUCK, à part.

A merveille !

BERTAUT.

Madame est la bien venue... (A part.) Qui
m'a joué ce tour affreux ? (Il regarde Kaisersbruck
qui est appuyé sur le dos du fauteuil de Caroline.)
Monsieur !... monsieur le comte.

(Il va vers lui et lui parle bas.)

TAUPIN, montrant Louise.

Tiens, ma poule, vois donc la belle petite demoiselle. As-tu un morceau de sucre dans ton
sac? (L'orchestre joue le commencement d'une contre danse.)

THIERRY, annonçant.

M. Vannard et M. Dublar... M. et Mme Fichet.

BERTAUT, à part.

Encore !

(Il continue de parler bas au Comte qui fait des ges-
tes pour se défendre du soupçon.)

KAISERSBRUCK, haut.

Pardon, colonel, j'ai invité votre dame. Je
vous rejoins après. Dansez-vous ?

TAUPIN.

Dis donc, Mme Taupin, on va t'inviter aussi,
toi. Moi je vais engager cette dame. (Il s'approche de Caroline.) Aurais-je celui...

CAROLINE.

Excusez-moi, monsieur, je ne danserai pas
maintenant.

TAUPIN.

En ce cas, pour la suivante.

CAROLINE.

Avec plaisir. (A part.) J'espère bien que la fête
sera troublée auparavant.

(On va commencer une contredanse.)

THIERRY, annonçant.

Madame la baronne Bertaut.

(Surprise générale.)

SCÈNE XX.

LES MÊMES, TOINETTE, GÉRARD, Mme
RIBOULARD.

STÉPHANIE.

La baronne Bertaut !

UN GRAND NOMBRE DE VOIX.

La baronne !

TAUPIN, VANNARD.

A la bonne heure, donc !

GÉRARD, à sa sœur.

N'aie pas peur... voilà ton mari, embrasse-le.

STÉPHANIE.

Son mari !

TOINETTE.

Au fait, je suis bien sotte. (Elle court dans les
bras de Bertaut.) Mon bon ami, mon cher Louis.

BERTAUT.

Toinette ! ô mon dieu !

STÉPHANIE.

Toinette !.. Ah ! je me meurs !

(Elle tombe évanouie sur un fauteuil, ses amis l'entourent.)

LOUISE.

Papa ! papa !   (Elle court à sa mère.)

TOINETTE.

Son père, lui !... Oh ! malheureuse !

(Elle se cache dans les bras de Gérard.)

GÉRARD, entouré de ses parens.

Quel affreux mystère !.. Bertaut marié ! et m sœur !.. un affront pareil !.. Colonel ! colonel je ne suis qu'un artisan ; mais j'ai de l'honneur répondez-moi.

BERTAUT, près de Stéphanie.

Je n'ai rien à répondre ; vous savez tout.

(Mouvement de surprise, de pitié ou d'indignatio parmi les assistans.—Joie de Caroline et du Com qui du fond du salon contemplent leur ouvrage.)

FIN DU DEUXIÈME ACTE.

ACTE III.

Un petit salon demi-circulaire, au premier étage.—Au fond, à droite, on aperçoit l'escalier au travers d grandes portes vitrées. Au premier plan, à droite, une cheminée avec du feu. A gauche, la porte de l'ap partement de Stéphanie. Une table, des chaises.

SCÈNE I.

Mme RIBOULARD, THIERRY.

(Au lever du rideau, Mme Riboulard travaille auprès de la table à gauche. —Thierry entre par la porte vitrée.)

THIERRY.

Madame la baronne Bertaut m'envoie demander si le colonel est rentré.

Mme RIBOULARD.

Madame la baronne, hein ? laquelle !.. car maintenant il y a complication...

THIERRY.

Celle qui loge ici.

Mme RIBOULARD.

Je sais bien, je sais bien... mais c'est qu'on peut bien révoquer en doute... N'importe, jusqu'à l'événement, il faut encore la respecter... d'abord, moi, je respecte tout le monde, pour ne pas me tromper... Tu diras à la baronne, mon garçon, que le baron n'a pas reparu à l'hôtel.

THIERRY.

C'est bien, madame.   (Il sort.)

SCÈNE II.

Mme RIBOULARD, TAUPIN.

TAUPIN, entrant d'un air effaré.

Eh bien ! Mme Riboulard ?

Mme RIBOULARD.

Qu'est-ce qu'il y a, M. Taupin ?.. Est-ce que vous l'avez vu ?

TAUPIN.

Qui ?

Mme RIBOULARD.

M. Bertaut !

TAUPIN.

Non... et vous ?

Mme RIBOULARD.

Ni moi... ni personne... Ces pauvres femmes sont dans une inquiétude !

M. TAUPIN.

Ses femmes !.. C'est drôle, un homme à deux femmes !.. c'est dans le genre de *la Femme à deux Maris*... C'est qu'hier, j'ai été étonné, que j'en avais l'air bête.

Mme RIBOULARD.

Je le crois bien... c'est fait pour ça.

TAUPIN.

Ainsi, il n'y a rien de nouveau ?

Mme RIBOULARD.

Non... absolument.

TAUPIN.

J'espérais que la scène d'hier aurait amen quelqu'incident... et je venais m'en informe pour en régaler Mme Taupin à son déjeûner... avec des flûtes toutes chaudes... C'est que, voyez vous, nous chérissons les émotions... aussi le mélodrames et la cour d'assises, nous ne sorton pas de là.

Mme RIBOULARD.

Ah ça ! vous croyez donc que ça peut avoi des suites sérieuses ?

TAUPIN.

Comment !.. deux femmes !.. c'est un crime.

Mme RIBOULARD.

Ah ! ah !

TAUPIN.

Très rare, par exemple ! parce qu'ordinaire ment on en a bien assez d'une... C'est ce qu'on appelle *bigamie*... Je me rappelle avoir vu juger un *bigame*, c'était fort curieux... c'était, ma foi, un militaire aussi... ces gaillards-là n'ont peur de rien... il fut condamné aux galères.

Mme RIBOULARD.

O ciel ! vous me faites frémir ! Et cette malheureuse Toinette, votre nièce...

TAUPIN.

Tiens ! c'est vrai ! ma nièce sera partie dans l'affaire... elle pourra peut-être nous faire avoir de bonnes places dans le parquet... Je vas annoncer ça à Mme Taupin, ça lui fera plaisir. (Il va sortir.) Ah ! voilà M. Bertaut.

Mme RIBOULARD.

Oui, vraiment, c'est lui.

TAUPIN.

Je lui présenterais bien mes complimens ; mais il n'a pas l'air d'être à la société... Je ne veux pas le déranger. Au revoir Mme Riboulard.

(Il sort. — Bertaut est entré lentement pendant la phrase de Taupin.)

SCÈNE III.

Mme RIBOULARD , BERTAUT.

Mme RIBOULARD, à part.

Il faut que je lui parle. (Elle s'avance.) M. le baron, désirez-vous quelque chose ?

BERTAUT.

Non, merci... rien pour le moment.

Mme RIBOULARD.

Madame a envoyé demander de vos nouvelles.

BERTAUT.

Madame ?

Mme RIBOULARD, à part,

Il est embarrassé... c'est juste, vu le nombre.

BERTAUT.

Pauvre Stéphanie ! quelle a dû être son inquiétude !

Mme RIBOULARD, qui l'a entendu,

Je le disais bien ! c'est la Polonaise qui est la véritable...

BERTAUT, à Mme Riboulard.

Je la verrai tout à l'heure... Ne dites pas que je suis de retour.

Mme RIBOULARD.

Non, monsieur. (Elle sort.)

SCÈNE IV.

BERTAUT, assis.

J'ai osé regardé en face ma destinée... elle est horrible ; mais je serai plus fort qu'elle... je saurai la dompter... oui, mon sort est fixé... (Riant avec amertume.) Je voulais me tuer : lâcheté ! un soldat ne se tue pas... (Marchant.) Que je me sois montré faible hier ! j'avais perdu la tête... Qu'ont dû penser mes vieux camarades, qui n'ont jamais rougi de l'amitié dont ils m'honoraient ? ils m'ont cru coupable... coupable du crime le plus bas, d'avoir trompé des femmes ; moi, victime de la plus fatale erreur ! Avant de partir, je veux leur apprendre tout, les désabuser, afin qu'un souvenir d'infamie ne s'attache pas à mon nom... Hélas ! ce nom, tout ce qui va rester de moi dans ces lieux, je le dois pur à ces infortunées, qui toutes deux le réclament... à ma fille, qui désormais le prononcera sans que ma voix lui réponde... O mon Dieu ! les quitter pour toujours ! arracher de mon cœur les affections les plus chères ! repousser tant d'amour pour l'exil, l'abandon, la mort ! Cette résolution est au-dessus des forces humaines, et cependant il le faut ! Allons, allons, c'est pour elles ; leur repos, leur avenir l'exigent ; et puis, d'ailleurs, leur sacrifice n'égalent-il pas le mien ? je leur dois l'exemple du courage... Je vais écrire à mes amis, disposer tout pour mon départ ; je les verrai ensuite... (Gérard entre.) Ciel ! Gérard !

SCÈNE V.

BERTAUT, GÉRARD.

GÉRARD.

J'espérais que vous seriez venu me donner une explication que vous devez juger nécessaire, après ce qui s'est passé hier : las de vous attendre, je viens vous chercher, colonel.

BERTAUT.

Mon ami, mon frère...

GÉRARD, ironiquement.

Le suis-je encore, votre frère ?

BERTAUT.

Oh ! toujours.

GÉRARD.

Cependant hier, une nouvelle famille occupait notre place.

BERTAUT.

Puisque tu me rappelle cette scène affreuse, Gérard, permets-moi de te le dire : ce n'est pas ainsi que tu devais provoquer un éclaircissement, que je désirais moi-même te donner. Dans quel but le scandale que tu as causé ?

GÉRARD.

J'ignorais tout... on s'est servi de nous pour vous nuire. Mais vous me connaissez assez pour savoir que je suis incapable de recourir à de semblables moyens.

BERTAUT.

C'est ce misérable Comte !

GÉRARD.

Oui, je le pense... On a mis au jour notre honte commune ; j'aurais voulu la cacher, moi... Ainsi donc tout est vrai ? cette autre femme est aussi votre épouse. ?

BERTAUT.

Trompé par un faux acte... Tu l'as vu.

GÉRARD.

Vous avez été bien pressé de vous engager dans de nouveaux liens, d'oublier celle qui avait elle-même oublié tout pour vous.

BERTAUT.

Oublier Toinette ! jamais !

GÉRARD.

Voilà la récompense de tant de sacrifices : tandis que, pour prix de sa vertu, elle ne recueillait que le mépris ; tandis qu'elle supportait courageusement son malheur, dont vous étiez la cause, vous cédiez aux séductions d'une noble étrangère et vendiez ses droits pour des richesses.

BERTAUT.

Ah !.. tu ne le crois pas.

GÉRARD.

Je crois tout de l'homme qui manque à ses sermens.

BERTAUT.

Je te le répète, je pensais être libre.

GÉRARD.

Toinette pouvait se croire libre aussi, et elle est restée fidèle.

BERTAUT.

Des circonstances impérieuses m'ont forcé...

GÉRARD.

Tout commandait à Tionette une nouvelle union ; moi-même je l'en pressais... elle est restée fidèle.

BERTAUT.

Non, je ne suis pas coupable. La loi elle-même m'absoudrait.

GÉRARD, s'animant par degrés.

L'honneur vous condamne.

BERTAUT, se contenant à peine.

Gérard, j'excuse ta colère, elle est légitime... mais écoute-moi : tu vois la position difficile où je me trouve ; il faut en sortir, en ménageant les malheureuses victimes de mon erreur...

GÉRARD.

Que voulez-vous dire?... Je n'entendrai rien que la reconnaissance des droits de ma sœur.

BERTAUT.

Et les puis-je reconnaître en ce moment, sans déshonorer cette femme à qui je dois la vie, cette femme... que j'aime aussi?

GÉRARD.

Vous l'aimez, et vous me le dites, à moi! à moi! qui viens vous apporter les larmes et les douleurs de Toinette! vous me parlez de ménagemens pour une étrangère, et vous assassinez ma sœur!

BERTAUT.

Gérard, il faut les sauver toutes deux.

GÉRARD.

Non, non, ma sœur seulement.

BERTAUT.

Prends pitié de Stéphanie; elle est seule avec son enfant, loin de son pays, de sa famille, sans ami, sans protecteur... elle n'a que moi... je suis tout pour elle.

GÉRARD.

Il ne me parle que d'elle, et Toinette n'est plus rien pour lui... Malheureux! si tu voyais ses angoisses, son désespoir, tu la plaindrais aussi; mais que nous importe ta pitié, je suis son frère, je ne l'abandonnerai pas... Les tribunaux entendront nos plaintes.

BERTAUT.

Oh! Gérard, que vas-tu faire?

GÉRARD.

Mon devoir !.. ses droits sont antérieurs, ils sont valables; votre absence seule les rendait incertains; vous revenez, elle les réclame, elle les fait rétablir, non pas à cause de vous; je la renierais si elle conservait pour vous le moindre attachement... mais à cause du monde, à cause de moi, qui suis las de supporter des humiliations que je ne mérite pas... Ah! c'est parce que vous avez des épaulettes et des rubans, que vous rougissez d'être allié à la famille d'un artisan; n'en soyez pas si fier, arrachez-les plutôt, car vous êtes indignes de les porter.

BERTAUT.

Gérard !.. tu sais si j'ai jamais patiemment enduré une insulte; tu sais si je crains la mort, et, dans ce moment, je bénirais la main qui me la donnerait... Mais ton exaspération est juste, je la supporterai; je ne sens que mieux la nécessité de hâter l'accomplissement de mon projet... Adieu, Gérard; la réflexion calmera ta colère, alors tu jugeras mieux ma conduite, et tu me plaindras, mais tu ne me haïras pas. Adieu.

SCÈNE VI.

GÉRARD, seul.

Non... je n'ai de compassion que pour les chagrins de Toinette... et malheureusement ça ne les guérira pas; c'est égal, nous nous vengerons... De qui? de ce pauvre diable qui ne sait où donner de la tête, de cette autre femme qui a été aussi trompée, et qui n'est pas plus coupable... Ah!

SCÈNE VII.

GÉRARD, KAISERSBRUCK.

KAISERSBRUCK, à Gérard.

Madame Riboulard m'avait dit que ce M. Bertaut était ici, mais il paraît qu'il est parti.

GÉRARD.

Oui, Monsieur.

KAISERSBRUCK, à part.

Je n'en suis pas fâché! Ces militaires, ça ne respecte rien. Sans égard pour mon inviolabilité diplomatique, il serait capable de se porter à des excès qui auraient des suites... Je ne veux pas allumer la guerre entre la France et mon souverain.

GÉRARD, à part.

Il est sans doute dans l'intention de défendre les droits de sa cousine. Oh bien! nous plaiderons contre lui; et, tout comte qu'il est, nous gagnerons: la justice ne s'embarrasse pas de la qualité.

KAISERSBRUCK.

Eh bien! M. Gérard, quels sont vos projets dans les circonstances où nous trouvons? Voyons, parlez franchement.

GÉRARD.

Mais, monsieur, les mêmes que vous, je pense.

KAISERSBRUCK.

Il paraît que vous m'avez deviné. (A part.) Cet homme a le coup d'œil pénétrant. (Haut.) Et madame votre sœur?..

GÉRARD.

Oh! Toinette, c'est une petite femme, vive, ardente; de la tête, du caractère...

KAISERSBRUCK, à part.

Bien, très bien.

GÉRARD,

Une âme à la fois tendre et généreuse, susceptible des plus grands sacrifices.

KAISERSBRUCK, à part.

Tant pis, c'est dangereux.

GÉRARD.

Elle adore Bertaut.

KAISERSBRUCK, à part.

A merveilles. (Haut.) C'est comme ma cousine.

GÉRARD.

Et puis nous ne badinons pas avec l'honneur, nous autres bourgeois; je ne souffrirai pas qu'avec un mari, ma sœur passe dans le monde pour une femme comme il y en a tant; et vous comprenez bien, qu'ayant des titres bien en règle.,

KAISERSBRUCK.

Ah! ils sont en règle?

GÉRARD.

Oui, oui, monsieur... Un extrait de mariage daté du quartier-général de Sarragosse, et un acte de célébration en bonne forme. Les originaux ont été détruits, c'est vrai; mais comme il n'est pas possible que Bertaut nie ce qui s'est passé, le tribunal n'hésitera pas à reconnaître nos droits.

KAISERSBRUCK.

Je n'en fais aucun doute; mais pour plus de sûreté, si vous voulez, je vous conduirai chez un avocat célèbre, qui plaidera votre cause, et je me chargerai des frais..

GÉRARD.

Comment ça?.. mais je ne vous comprends plus alors... Vous vous chargez des frais? vous, notre partie adverse !

KAISERSBRUCK.

Votre partie adverse! qui vous a dit cela? (A part.) Il ne m'a pas deviné.

GÉRARD.

Vous ne plaidez donc pas contre nous, pour faire maintenir le mariage de votre cousine avec Bertaut ?

KAISERSBRUCK.

Au contraire ; tout ce que je désire, c'est qu'il soit cassé.

GÉRARD.

Mais votre cousine est déshonorée !

KAISERSBRUCK.

Oh! pas précisément.

GÉRARD.

Sa fille est sans nom.

KAISERSBRUCK.

C'est un malheur ; mais aussi je ramène sur ma tête des titres et des biens qui ne doivent pas sortir de la famille.

GÉRARD.

Si elle aime son mari, comme vous le dites, vous la réduisez au désespoir.

KAISERSBRUCK.

C'est possible ; mais je paie mes dettes, et je récompense ceux dont les soins m'ont conduit à ce but.   GÉRARD.

Et moi qui croyais que vous agissiez dans l'intérêt de votre cousine, pour l'honneur de votre famille.

KAISERSBRUCK.

Quelle idée !

GÉRARD, réfléchissant,

Si l'on pouvait penser que c'est parce que Bertaut est riche, baron, colonel, que nous voulons le forcer de revenir à nous ?

KAISERSBRUCK.

Ça paraîtra naturel.

GÉRARD, indigné.

Naturel ! à qui? à des intrigans.

KAISERSBRUCK.

Qui est-ce qui ne l'est pas aujourd'hui ?

GÉRARD.

Monsieur le comte, nous ne nous entendons pas... Je rougis d'avoir donné à penser, même à un homme comme vous, que j'avais des intentions aussi basses... Faites des malheureux , plaidez si vous voulez ; quant à nous , nous laisserons Bertaut libre d'obéir à son cœur, à l'équité. Tout de bonne volonté, rien par contrainte, voilà notre règle. (En sortant.) Ce misérable me dégoûte.

KAISERSBRUCK, le regardant sortir.

Ce brave homme me fait pitié !

SCÈNE VIII.

KAISERSBRUCK , STÉPHANIE.

STÉPHANIE , sortant précipitamment de la chambre de gauche.

Où est-il? où est-il?.. On m'a dit qu'il avait paru dans l'hôtel tout à l'heure...

KAISERSBRUCK.

Oui.

STÉPHANIE.

Et il n'est pas monté chez moi !

KAISERSBRUCK.

Que voulez-vous?..

STÉPHANIE.

Et il me laisse en proie à d'affreuses inquiétudes ! Après la scène d'hier soir, une nuit, toute une nuit, un siècle de désespoir et de larmes !

KAISERSBRUCK.

Ma cousine, un peu de calme : vous n'êtes pas la seule...

STÉPHANIE.

Comment ! que voulez-vous dire ?

KAISERSBRUCK.

Cette femme, c'est aussi la sienne.

STÉPHANIE.

Taisez-vous ! Oui, elle aussi, elle a pleuré cette nuit ; elle a , comme moi , maudit sa destinée... Mais où est-il? où est-il? Qui vous a dit qu'il était venu? A quelle heure? L'avez-vous vu? Lui avez-vous parlé ?

KAISERSBRUCK.

Parlé? Non. Est-ce qu'on lui parle , à votre Bertaut ? c'est un furieux. Il s'en prend à moi de sa bigamie.

STÉPHANIE.

Quel mot !

KAISERSBRUCK.

Mais je l'ai vu, il y a fort peu de temps; et son beau-frère lui a parlé.

STÉPHANIE.

Son beau-frère !

KAISERSBRUCK.

Oui, ce Gérard , cet artisan... Ils ont eu ensemble une explication fort vive.

STÉPHANIE.

Mon Dieu !

KAISERSBRUCK,

Il est fier, M. Gérard : il a réclamé ses droits... j'entends ceux de sa sœur ; il prétend que le mariage soit rompu.

STÉPHANIE.

Que parlez-vous de mariage rompu? Quelle épouvantable idée !

KAISERSBRUCK.

Mais, ma chère cousine , quel autre moyen?.. Deux femmes!.. Le premier mariage est seul valable devant la loi.

STÉPHANIE.

La loi ! ils n'ont que ce mot-là dans la bouche ! Montrez-moi donc cette loi qui arrache l'époux des bras de son épouse ; qui défend à la fille de dire à son père : mon père! qui vient la priver à jamais de sa tendresse, de ses soins, de ses exemples! Quelle main voudra s'unir à la sienne? Pourra-t-elle dire sans crime : « Je suis Louise Bertaut ! » Et pourtant mes droits à ce nom sont écrits en caractères sacrés, inaltérables,,,

KAISERSBRUCK.

Ceux de Toinette aussi.

STÉPHANIE.

Malheureuse !

KAISERSBRUCK.

Ma chère cousine...

STÉPHANIE.

Laissez-moi , Monsieur, laissez-moi !

KAISERSBRUCK.

J'ai dû vous montrer votre situation.

STÉPHANIE.

Elle est affreuse! je le sais; mais je n'y songe
plus sans songer à vous. La loi! elle est comme
vous, glacée, cruelle, sans âme, sans pitié! Ce
ne sont pas des avertissemens que je demande,
ce sont des conseils, c'est du dévouement; et si
tout est perdu, je veux n'entendre que des gémis-
semens, ne voir que des pleurs. Laissez-moi...
vous me faites mourir!

KAISERSBRUCK, en sortant.

Elle a tort de refuser mes consolations.

SCÈNE IX.

STÉPHANIE, assise.

Oh! qui m'en donnera des conseils?.. Quelle
nuit! quelles images terribles sont venu m'assail-
lir!.. Pauvre petite! tu dormais dans ton berceau,
quand je veillais près de toi! ton sommeil était
agité: le nom de ton père était toujours dans ta
bouche... Oui, je la prendrai dans mes bras, j'irai
me jeter avec elle aux pieds des juges: nous les
conjurerons de nous laisser notre appui, notre
protecteur... Ils ne m'écouteront pas... cette femme sera-là, à genoux aussi, ses titres à la main...
Bertaut, m'aimes-tu? aimes-tu ta fille?.. Viens,
n'attendons pas cet arrêt mortel, fuyons! Cette
femme, elle te croyait mort!.. Tu n'étais plus rien
pour elle, et elle a pu vivre!.. elle aura fait un
beau rêve, qui s'effacera demain; et moi... Insen-
sée que dis-je! et moi aussi je suis devenue cruelle!
Et de quel droit, d'ailleurs, lui imposer ce sacrifice? Elle est à lui comme moi: comme moi, elle
s'est dévouée pour lui: elle a supporté pour le
suivre plus de souffrance qu'il ne me doit de bonheur... O mon Dieu! mon Dieu! (Elle pleure en
sanglottant.)

SCÈNE X.

STÉPHANIE, TOINETTE.

(Toinette entre doucement, et s'arrête effrayée à l'aspect de la baronne; puis, comme si elle prenait une résolution soudaine, elle s'approche d'elle.)

TOINETTE.

Madame!

STÉPHANIE.

O ciel! vous ici!

TOINETTE.

Hélas! Madame, je ne viens pas ajouter à votre
désespoir... mais, dans notre malheur commun,
je n'ai pas voulu que vous pussiez me croire capable d'une odieuse perfidie... On m'avait indi-
gnement trompée; on m'avait dit que cette fête
se donnait pour moi, que j'en devais faire les
honneurs. Je ne suis pour rien dans cette scène
abominable... J'ignorais tout.

STÉPHANIE.

Je ne vous accuse pas.

TOINETTE.

Ah! Madame, il y a des êtres bien méchans!
mais il y en a de bien malheureux!

STÉPHANIE.

Oui, oui, je le sais... vous aussi... Mais que
voulez-vous? votre présence ici...

TOINETTE.

Madame, je l'avoue, une inquiétude horrible
me pousse vers ces lieux. Hier on m'a entraînée
chez mon frère; je n'ai plus rien su: lui-même est
sorti ce matin, je ne l'ai pas vu revenir... Qu'est
devenu mon?

STÉPHANIE.

Votre mari?..

TOINETTE.

Serait-il arrivé un malheur?

STÉPHANIE.

Elle me demande s'il est arrivé un malheur!..
Mais, quoi! comment répondre?.. Toutes deux
dans un état de démence, nous nous regardons
sans nous voir, nous nous parlons sans nous comprendre.

TOINETTE.

Madame, ma vue vous fait trop de mal, je
le sens: je m'en vais; mais, au nom du ciel,
un mot sur lui, un mot qui me rassure, et je
pars.

STÉPHANIE.

Vous l'aimez donc bien?

TOINETTE.

Si je l'aime!. ah! je n'ose vous le dire, combien
je l'aime: ce serait vous tuer.

STÉPHANIE.

Rassurez-vous: il n'est pas, je crois en dan-
ger; tout à l'heure il est venu; sans doute, il
n'est pas loin... nous le... vous le reverrez.
Mais, n'est-ce pas, vous l'aimez!.. Ne craignez
rien, parlez: il vous aime, lui, je le sais: il me
l'a dit cent fois; votre souvenir remplit son âme,
et moi-même, poussée par une fatalité irrésisti-
ble, j'ai entretenu cet amour, j'ai exalté vos dé-
vouemens, admiré vos sacrifices! Répétez-moi
que vous l'aimez encore, que vous êtes digne de
ce cœur, dans lequel mes entretiens ont fixé votre image. C'est un langage que je puis supporter, que je veux entendre... Au moment de perdre à jamais celui dont j'espérais faire le bonheur,
que je sache au moins qu'une autre peut conti-
nuer mon ouvrage, et que je n'ajoute pas au désespoir de l'abandonner, l'accablante certitude
d'avoir fait trois malheureux. C'est assez d'une
victime!

TOINETTE.

Mais, Madame, qui vous dit que?..

STÉPHANIE.

La loi!.. savez-vous ce que c'est? Le bonheur
pour vous, pour moi, la mort.

TOINETTE.

Mais vos titres?..

STÉPHANIE.

Ne sont rien après les vôtres. La même main
qui a béni votre union a réprouvé la mienne. Et
croyez-vous que je ne sache pas de quelles viles
calomnies vous êtes l'objet depuis neuf ans? La
justice de Dieu, celle des hommes, vous doivent
une éclatante réparation. Vous l'aurez. Vous l'aurez, Madame, vous serez satisfaite: le scandale
fut public, l'arrêt doit l'être. La loi me chassera,
l'honneur me bannira du sol de France: une
énorme distance va nous séparer... ou plutôt
une distance bien moindre; mais insurmontable.
Alors, Madame, je vous recommande ma fille:
c'est celle de votre époux, c'est un souvenir de
la vôtre. Elle vous sera chère, n'est-ce pas? vous
l'aimerez pour l'amour de lui... de moi peut-être.
Mais, je vous en conjure, dites-moi que mon Ber-